GÉNÉALOGIE

DE LA FAMILLE

DE LA VALADE DE TRUFFIN

DE SES ALLIANCES ET DES SEIGNEURIES QU'ELLE A POSSÉDÉES

(PÉRIGORD, NIVERNAIS, BOURGOGNE,
ILES DE SAINT-DOMINGUE ET DE CUBA)

d'après les documents conservés dans les dépôts publics
accompagnée d'un index des noms de familles et de localités

PAR

THÉODORE COURTAUX

———

PARIS

CABINET DE *L'HISTORIOGRAPHE*

Rue Nollet, 93

—

M DCCC XC VIII

Bergerac. — Imprimerie Générale (J. CASTANET), 3, rue Saint-Esprit.

A Monsieur FRANÇOIS-RÉGIS DE LA VALADE DU RE-
PAIRE DE TRUFFIN, Président de la Chambre du
Commerce français et Consul impérial de Russie,
à la Havane.

Monsieur,

C'est à votre initiative qu'est due la publication de cette généalogie qui, en dehors de son intérêt familial, contient un certain nombre de documents sur des familles et des localités du Périgord, du Nivernais et de la Bourgogne. Je prends en conséquence la liberté de placer votre nom en tête de mon travail.

Vous représentez honorablement à la Havane non seulement les intérêts français, mais aussi une grande nation, amie de la France. Cette pensée m'a soutenu et encouragé dans les nombreuses et délicates recherches que j'ai dû faire, tant à Paris qu'en province, pour reconstituer vos archives, détruites à Saint-Domingue pendant la Révolution, et réunir les éléments d'une histoire aussi complète que possible des deux branches de votre famille. En vous renseignant, j'ai cru encore servir mon pays ou du moins être agréable, dans une certaine mesure, à nos chers alliés. Vive la Russie ! Vive la France !

Veuillez agréer, Monsieur, et faire agréer à votre famille ainsi qu'à vos amis l'assurance de mes meilleurs sentiments.

THÉODORE COURTAUX.

PARIS, 17 septembre 1897.

———————

Monsieur FRANÇOIS-RÉGIS DE LA VALADE DU REPAIRE DE TRUFFIN, auquel nous avions soumis le manuscrit de la généalogie de sa famille, a eu l'amabilité de nous adresser la réponse suivante que nous aurions voulu moins élogieuse. Nous la publions cependant, en raison du sentiment patriotique qui l'a inspirée.

Monsieur,

Faire l'éloge de votre science, de votre érudition, de votre caractère, à la fois méthodique et tenace, serait blesser votre modestie. Mais, puisque je dois ici dissimuler mon admiration pour le savant, qu'il me soit permis de témoigner à l'homme de cœur la haute estime qu'il m'inspire et la reconnaissance que je lui voue pour avoir ressoudé la chaîne qui relie ma famille à la France, notre patrie commune, toujours glorieuse et bien aimée.

F. R. DE TRUFFIN.

LA HAVANE, 22 octobre 1897.

DE LA VALADE DE TRUFFIN

SEIGNEURS DE TRUFFIN ET DE LA ROBERTIE

EN PÉRIGORD

DE GISSY, DE L'ÉTANG-VERDEAU ET DE PATIGNY

EN BOURGOGNE

ARMES : *d'azur à trois pots de vair d'argent posés deux en chef et un en pointe. (Armorial général officiel de France de 1696. Registres de Bourgogne. Descriptions, page 267. Blasons coloriés, page 819. Manuscrit original de la Bibliothèque nationale.)*

La famille de la Valade[1] tire probablement son origine et son nom de l'ancien fief noble de la Valade, sis en la paroisse de Lanouaille en Périgord. Elle a possédé dans cette province, avec ledit fief de la Valade, les repaires nobles de la Robertie et

---

1. Le nom de cette famille se trouve écrit dans les actes Valade, Vallade, la Valade, de la Valade, etc. Nous avons adopté cette dernière forme qui est à la fois la plus ancienne et la plus moderne.

de Truffin, auxquels elle doit, par corruption, son surnom actuel de *du Repaire*, et en Bourgogne, les fiefs-seigneuries de Gissy, de l'Étang-Verdeau et de Patigny. Ses armoiries, telles qu'elles sont reproduites en couleurs en tête de cette notice, ont été enregistrées sous Louis XIV. Elle a produit plusieurs capitaines de régiment, tous chevaliers de Saint-Louis. L'un de ses représentants figure parmi les gentilshommes de Saint-Domingue, qui, le 8 mai 1788, se réunirent pour la nomination des députés de la noblesse de cette île aux États-Généraux. En 1721, elle a fait des preuves de noblesse pour son admission aux États de Bourgogne. C'est d'après ce document officiel, actuellement conservé aux archives départementales de la Côte-d'Or, à Dijon, et les états-civils de Lanouaille et d'Angoisse (Dordogne), de Luzy (Nièvre) et de Saint-Didier-sur-Arroux (Saône-et-Loire) que la filiation de la famille de la Valade a été établie, d'une façon exacte, à partir de :

I. — *Hélie* DE LA VALADE, écuyer, licencié ès-lois, sieur de la Valade, épousa, vers 1525, *Bernarde* DURAND, dont il eut :

II. — *René* DE LA Valade, écuyer, sieur de la Robertie et du repaire noble de Truffin, paroisse de Lanouaille[1], épousa, par contrat du 9 septem-

---

1. Truffin est actuellement une ferme, sise en la commune d'Angoisse, canton de Lanouaille, et appartenant au docteur Alphonse Alric à qui elle est venue par son mariage avec mademoiselle Marie Andraud. L'ancienne demeure des de la Valade a disparu; les murs seuls, assez épais, ont été conservés et utilisés pour la construction de la ferme actuelle à laquelle on accède par une allée de hêtres séculaires. Le sol de cet ancien domaine est très fertile, l'air y est d'une grande pureté et la vue très belle.

bre 1547, passé devant Barnet, notaire des comté
de Périgord et vicomté de Limoges, *Françoise* DE
ROUBERT OU DE ROBERT. (Copie sur papier délivrée,
le 8 août 1715, par René et Chapelle, notaires
royaux de la ville d'Excideuil en Périgord.) De ce
mariage vinrent :

1º *Guillaume*, qui suit.

2º *Jacques* DE LA VALADE, écuyer, seigneur de la Robertie, qui transigea, en 1617, avec François de Tessières, seigneur de là Coste. Il épousa *Louise* DE
TESSIÈRES [1], inhumée en l'église de Lanouaille, le
19 mai 1634, fille de François de Tessières, écuyer,
seigneur de Tessières et de Beaulieu, et d'Anne de
Fayolle. Il eut de cette aliiance :

A. *Hélène* DE LA VALADE, qui épousa maître *Jean*
DEBORT, notaire royal et procureur d'office de la juri-
diction de Rouffiac. Ils habitaient le village de la
Festugière et eurent pour enfants :

A. *François* DEBORT, baptisé à Angoisse, le
27 août 1652; il eut pour parrain François de

---

1. De Tessières, *aliàs* de Teissières, de Teyssières et de Texières, famille noble du Périgord, qui a possédé dans cette province les seigneuries de Tessières, de Beaulieu, de la Coste, de la Rolandie, de la Porte,
de la Vergne et de la Maison-Neuve, etc. Armes : *losangé d'argent et de
gueules.* (D'Hozier. *Armorial de la Noblesse de France*, reg. I.)
Le 17 oct. 1541, à Limoges, pardevant le bâtard Rollet, gouverneur
des terres et seigneuries d'Albret et oncle d'Henri de Navarre, roi de
Navarre, sire d'Albret, comte de Périgord et vicomte de Limoges, Jean
de Teissières, écuyer, seigneur de l'hôtel noble de Beaulieu, rendit foi et
hommage audit roi de Navarre de son dit hôtel noble de Beaulieu, sis en
la paroisse de Lanouaille, en la châtellenie d'Excideuil. Les témoins de
cet acte furent Révérend Père en Dieu Jean de Geneste, abbé de Faise,
et Jacques du Pré, seigneur de la Mabilhère.
Le 17 février 1583, Aubin de Texières, écuyer, sieur de la maison noble
de Beaulieu, rendit foi et hommage de ladite maison noble au même roi
de Navarre. (Bibliothèque nationale. Ms français 32527, 1re partie, p. 98,
et 2e partie, p. 96.)

la Valade, fils de François de la V., sieur du Caillaud.

B. *Anne* DE LA VALADE, marraine de sa sœur Anne, le 5 déc. 1621.

C. *Anne* DE DA VALADE, baptisée à Lanouaille, le 5 déc. 1621; elle eut pour parrain et marraine François et Anne de la V., ses frère et sœur.

D. *Audrine* DE LA VALADE, qui fut la femme de maître *Jean* DEBORT, chirurgien, dont elle eut :

1º *Marie* DEBORT, baptisée à Angoisse, le 8 févr. 1646; elle eut pour parrain maître Bernard Debort, chirurgien, et pour marraine Marie Vidal, femme de Jean de la Valade, sieur de Truffin.

2º *Jean* DEBORT, baptisé à Angoisse à la même date; il eut pour parrain Jean de la Valade, écuyer, sieur des Planchettes, et pour marraine Antoinette Darnet, femme de François de la Valade, sieur du Caillaud.

3º Selon toute probabilité, *François* DE LA VALADE, écuyer, sieur du Caillaud, et qui épousa *Antoinette* DARNET [1], inhumée à Lanouaille, le 11 avril 1673, et dont il eut huit enfants :

A. *Aubine* DE LA VALADE, baptisée à Lanouaille, le 27 janv. 1629; elle eut pour parrain Jacques de la Valade, sieur de la Rober-

[1]. François Darnet, du bourg de Lanouaille, eut deux enfants :
1º *Gabrielle* D., marraine de sa nièce, Gabrielle D., le 20 mai 1635.
2º *Bernard* D., sieur de la Pradelle, qui épousa *Peyronne* DE LA VALADE, dont il eut :

A. *Antoinette* D., baptisée à Lanouaille, le 3 nov. 1629; elle eut pour parrain Jean de la Valade, sieur de las Planchetas (des Planchettes), et pour marraine Antoinette Darnet, fille de maître François D., notaire royal.

B. *Gabrielle* D., baptisée à Lanouaille, le 20 mai 1635 ; elle eut pour parrain François de la Valade, sieur du Caillaud, et pour marraine sa tante Gabrielle D.

tie, et pour marraine Antoinette Javaneau, femme de Jean de Lignac (écrit Lyniac). Elle fut marraine à Lanouaille, le 30 août 1634.

B. *Louise* DE LA VALADE, baptisée à Lanouaille le 14 avril 1630; elle eut pour marraine Louise de Tessières, damoiselle de la Robertie, femme de Jacques de la Valade, sieur de la Robertie.

C. *Marie* DE LA VALADE, baptisée à Lanouaille, le 12 mai 1631; elle eut pour parrain Jean de la Valade, sieur des Planchettes (en patois périgourdin las Planchetas), et pour marraine Marie Darnet, femme de Raymond de Champagnac, du bourg d'Azerat.

D. *Jean* DE LA VALADE, baptisé à Lanouaille, le 1er mai 1632.

E. *Françoise* DE LA VALADE, baptisée à Lanouaille, le 6 déc. 1633; elle eut pour parrain Guilhem de la Valade, dit le cadet.

F. *Peyronne* DE LA VALADE, baptisée à Lanouaille, le 6 mars 1636; elle eut pour parrain Raymond de Champagnac, sieur de Bechinoul (*sic*, peut-être Béchanou, écart de la commune de Rouffignac, Dordogne), et pour marraine demoiselle Peyronne de la Valade.

G. *Aymard* DE LA VALADE, baptisé à Lanouaille, le 26 juill. 1637; il eut pour marraine Antoinette Javaneau, femme de Jean de Lignac, sieur du Pradeau (hameau de la commune d'Angoisse).

H. *Marie* DE LA VALADE, baptisée à Lanouaille, le 2 juill. 1638; elle eut pour marraine Marie Vidal, femme de Jean de la Valade, écuyer, sieur de Truffin.

J. *Jeanne* DE LA VALADE, baptisée à Lanouaille, le 15 nov. 1643; elle eut pour marraine Anne de la Valade, femme du sieur de Boisosane *(sic)*.

III. — *Guillaume* DE LA VALADE, écuyer, sieur de Truffin et de la Robertie, épousa, par contrat du 2 décembre 1592, passé devant Deaznal *(sic)*, notaire aux comté de Périgord et vicomté de Limoges, *Catherine* DE TÉXIÈRES OU TESSIÈRES, fille de François de Téxières, écuyer, seigneur de Téxières et du repaire noble de Beaulieu, paroisse de Lanouaille, demeurant au village de Lafon-Lavigne, paroisse de Sarlande (commune de la Dordogne, canton de Lanouaille, arrondissement de Nontron), et d'Anne de Fayolle, laquelle était fille de N... de Fayolle et de Catherine de Couraudin, et sœur de François de Fayolle, écuyer, s^r de la Forge et de Sarrazac, paroisse de Lanouaille. Ledit François de Téxières testa le 16 avril 1624 devant Bugeaud, notaire dudit Sarlande. Dans cet acte, il demande à être inhumé dans l'église paroissiale de Jumillac (actuellement Jumillac-le-Grand, chef-lieu de canton de la Dordogne, arrondissement de Nontron), auprès de ses prédécesseurs, et nomme, parmi ses trois fils et quatre filles, Catherine de Téxières, mariée, comme ci-dessus, avec Guillaume de la Valade, et Louise de Téxières, femme de Jacques de la Valade, écuyer, sgr de la Robertie, Roubertie ou Raubertie (*nunc* probablement la Robertie, com. de Jumillac-le-Grand), frère dudit Guillaume de la Valade et qui transigea, en 1617, avec François de Tessières, écuyer, seigneur de la Coste. (Bibliothèque nationale. *Cabinet de d'Hozier*, vol. 317, cote 8794, n° 8. *Nouveau d'Hozier*, vol. 312, cote 7255, n° 15, et *Collection de Périgord*, vol. 170, cote 390, f°ˢ 14 verso et 29 verso.)

Le 6 avril 1616, ledit Guillaume de la Valade, sieur de Truffin, fut, audit repaire noble de Beaulieu, l'un des témoins de l'ouverture et de la lecture, par Antoine de Jumillat (Jumillac), seigneur de Jumillac et baron de Courbefy, du testament d'Aubin de Téxières, écuyer, sieur dudit Beaulieu, oncle paternel de ladite Catherine de Téxières et mari de Marguerite de la Roche-Aymon. (Archives nationales. Carton M 587. Dossier Tessières ou Téxières. Papier original.)

Guillaume de la Valade et Catherine de Tessières eurent deux fils :

1° *Jean*, qui continue la filiation et dont l'article suit.

2° *Aubin*, auteur de la branche des seigneurs de Gissy, de l'Étang-Verdeau et de Patigny, dont la filiation est rapportée plus loin, page 33.

IV. — *Jean* DE LA VALADE, 1ᵉʳ du nom, écuyer, seigneur du repaire noble de Truffin, paroisse de Lanouaille en Périgord, fut inhumé à Lanouaille, le 4 avril 1666. Il avait épousé *Marie* VIDAL, inhumée à Lanouaille, le 9 janv. 1678, en présence de Guillaume Roubert. Ils eurent de leur mariage :

1° *Anne* DE LA VALADE, marraine de son frère Jacques, le 31 oct. 1661.

2° *Jean* DE LA VALADE, écuyer, seigneur de Truffin, baptisé à Lanouaille, le 29 mars 1645 ; il eut pour parrain Jean Vidal, sieur de la Vindie, et pour marraine Anne de la Valade, femme du sieur de Bachat.

Il fut inhumé en l'église d'Angoisse le 26 nov. 1671, en présence de Pierre Pradeaud et du Pierre Roubert.

3° *Anthonie* (variante d'Antoinette) DE LA VALADE, baptisée à Lanouaille, le 10 avril 1646 ; elle eut pour marraine Anthonie (lisez *Antoinette*) Darnet, femme de François de la Valade, sieur du Caillaud.

4° *Peyrot* DE LA VALADE, baptisé à Angoisse, le 20 juillet 1651 ; il eut pour parrain Peyrot de Teissières, sieur de la Rolandie, et pour marraine Catherine de Teissières, damoiselle de la Vinadie, paroisse d'Angoisse.

5° *Audrine* DE LA VALADE, baptisée à Angoisse, le 28 juil. 1653 ; elle eut pour parrain Annet Pasquet, sieur de la Tour, et pour marraine Audrine de la Valade. Elle fut inhumée à Lanouaille, le 19 mai 1685.

6° *Peyrot* DE LA VALADE, né en 1654, baptisé à Lanouaille, le 22 juin 1656 ; il eut pour parrain Peyrot de Téxières, écuyer, sieur de la Maison-Neuve, et pour marraine Françoise de Fayolle, damoiselle de Lansade, de la paroisse de Gaudumas.

7° *Jacques* DE LA VALADE, baptisé à Angoisse, le 5 avril 1657 ; il eut pour parrain Jacques de Fraysseis, sieur de Bochaud, et pour marraine sa sœur, Audrine de la Valade.

8° Autre *Jacques*, qui suit.

9° *Marie* DE LA VALADE, baptisée à Angoisse, le 9 juin 1663 ; elle eut pour parrain Jacques de la Valade, son frère.

V. — *Jacques* DE LA VALADE, écuyer, seigneur du repaire noble de Truffin, baptisé à Lanouaille, le 31 oct. 1661, avec l'autorisation du curé d'Angoisse ; il eut pour parrain Jacques Bony, sieur de la Merlie. Il mourut à Truffin et fut inhumé en l'église de Lanouaille, le 30 mai 1693. Il avait épousé *Isabeau* PASQUET DE SAVIGNAC[1], dont il eut :

VI. — *François* DE LA VALADE, écuyer, seigneur du repaire noble de Truffin, né en 1683, fut inhumé à Lanouaille, le 16 mai 1741, à l'âge de 58 ans.

Le 29 janv. 1732, au repaire noble de Truffin, paroisse d'Angoisse, il transigea par acte sous seing privé avec François Robert, sieur de la Daleyrie, paroisse d'Angoisse, et y demeurant, représentant autre François Robert, sieur de Claubonnet, son père, sur un procès que les deux parties avaient en la cour de Château-Bouchet, relativement à l'usage d'une fontaine sise dans le pré Pachot et à certains biens jadis vendus par Marie Vidal, grand-mère dudit François de la Valade, à Bernard Robert, par contrat du 11 oct. 1669, et dont la propriété était contestée. (Parchemin original. Archives de la famille de la Valade de Truffin.)

François de la Valade avait épousé à Lanouaille, le 12 mars 1715, avec le consentement du curé d'Angoisse, *Françoise* ANDRAUD, demoiselle du Puy, du bourg de Lanouaille, fille de François Andraud et d'Anne de Ligniat. Françoise Andraud était née en 1694 ; elle mourut au repaire noble de Truffin, le 1er juin 1734, à l'âge de 40 ans, et fut inhumée le lendemain à Lanouaille. Elle avait eu de son alliance avec François de la Valade :

1° *Jean*, qui suit.

1. Pasquet de Savignac (Périgord) : *d'azur au cerf d'or nageant dans une rivière d'argent mouvante de la pointe de l'écu.* (Biblioth. nationale. Collection de Périgord, vol. 154, cote 297.)

2° *Pierre* DE LA VALADE, né le 18 août 1718 et baptisé le lendemain à Angoisse.

3° Autre *Pierre* DE LA VALADE, baptisé à Angoisse, le 4 janv. 1721; il eut pour parrain Pierre Andraud, habitant à la Forge de Faye, paroisse de Glandon en Limousin; il fut inhumé à Angoisse, le 19 janv. 1721, à l'âge de 15 jours.

4° *Léonard* DE LA VALADE, né en 1724, inhumé à Lanouaille, le 28 mars 1731, à l'âge de 8 ans.

5° *Marie-Françoise* DE LA VALADE, née en 1728, morte à Truffin et inhumée à Lanouaille, le 25 mars 1731.

6° *Marguerite* DE LA VALADE, née en 1729, et inhumée à Lanouaille, le 11 mai 1731.

7° Autre *Marguerite* DE LA VALADE, baptisée à Lanouaille, le 12 août 1732; inhumée à Lanouaille, le 29 mars 1733.

8° *François* DE LA VALADE, baptisé à Lanouaille, le 1er juin 1734.

VII. — *Jean* DE LA VALADE, IIe du nom, écuyer, seigneur du repaire noble de Truffin, né audit repaire, le 25 avril 1717, et baptisé le lendemain à Angoisse; il eut pour parrain Jean de la Valade, sieur des Planchettes, et pour marr. Berthe Bugeaud.

Le 12 déc. 1746, il assista à l'enterrement de Jeanne Bugeaud de la Piconnerie [1], à Lanouaille.

Il mourut à Truffin et fut inhumé à Lanouaille, le 2 avril 1767.

Il avait épousé, le 7 janv. 1737, en l'église Saint-

1. A cette famille appartenait Thomas-Robert Bugeaud de la Piconnerie, duc d'Isly, maréchal de France (1784-1849).

Léger de Sarlande, *Catherine* DE RAYMOND [1], fille de
François de R., écuyer, seigneur de Beausoleil,
paroisse de Sarlande, et d'Antoinette de la Faye.
Cet acte est signé : Beausoleil. Truffin. Le Breuil
de Combier. Bugeaud.

Jean de la Valade eut de ce mariage :

1º *Antoinette* DE LA VALADE, née à Truffin, baptisée à
Angoisse, le 10 sept. 1738 ; elle eut pour parrain
François de la Valade, sieur de Truffin, et pour
marraine Antoinette de la Faye, dame de Beausoleil.

2º *Marie-Rose* DE LA VALADE, née en sept. 1739, inhumée
à Lanouaille, le 29 oct. 1739, à l'âge d'un mois.

3º *Léonard* DE LA VALADE, né en novembre 1741, inhumé
à Lanouaille, le 1er août 1742.

4º *Françoise* DE LA VALADE, baptisée à Lanouaille, le
21 févr. 1743 ; elle eut pour parrain Jean de Raymond,
sieur de Beausoleil et en partie de Sarlande, et pour
marraine Antoinette de la Faye, dame de Beausoleil.
Elle fut inhumée à Lanouaille, le 19 oct. 1747.

5º *Marie-Julie* DE LA VALADE, née en oct. 1744, inhumée
à Lanouaille, le 6 mai 1746, âgée de 18 mois.

6º *Martial*, qui suit.

VIII. — *Martial* DE LA VALADE DU REPAIRE DE
TRUFFIN, 1er du nom, écuyer, seigneur du repaire
noble de Truffin, capitaine au régiment du Cap à
Saint-Domingue et chevalier de Saint-Louis, naquit audit repaire, le 16 mars 1746, et fut baptisé le
lendemain à Angoisse ; il eut pour parrain messire
Martial Pasquet de Savignac, seigneur de Boisgour-

---

1. Jean de Raymond, seigneur de Beausoleil, porte : *losangé d'or et
d'azur*. (*Armorial de Guyenne* de 1696, page 424. Bureau de Périgueux.)

don, paroisse de Saint-Victurnien en Poitou, diocèse de Limoges, et pour marraine Marguerite de Lestrade, dame de Château-Bouchet.

Voici les états de service de Martial de la Valade de Truffin, délivrés par le Ministère des Colonies : Lieutenant réformé au régiment de Poitou, le 29 avril 1762. Sous-lieutenant audit régiment, le 22 mars 1763. Passé aux gendarmes de la Garde, en quittant ce régiment, avril 1765. Sous-lieutenant dans la Légion de Saint-Domingue, le 9 sept. 1769. Lieutenant en premier au régiment du Cap, le 18 août 1772. Capitaine au régiment du Cap, le 26 juin 1781.

Martial de la Valade de Truffin est inscrit, avec les qualités de chevalier de Saint-Louis et de propriétaire au quartier du Cap-Français, parmi les colons de Saint-Domingue qui, le 18 mai 1788, signèrent l'adresse au Roi pour demander la faculté de nommer des députés aux États-Généraux de 1789. (Archives nationales de Paris. Registre B III 135, page 30, et Louis de la Roque et Édouard de Barthélemy. *Catalogue de la Noblesse des Colonies.* Paris, 1865, in-8°, page 9.)

Il figure aussi, avec différents membres de sa famille, sur l'extrait suivant de *l'État détaillé des liquidations opérées à l'époque du 1er janvier 1832 par la commission chargée de répartir l'indemnité attribuée aux anciens colons de Saint-Domingue.* Paris, in-4°, 1832, pages 100 et 172. Bibliothèque nationale (Lf¹¹) 158.

SAINT-DOMINGUE. — JURIDICTION DU CAP-FRANÇAIS

PAROISSE DE PLAISANCE ET PILATE

Au 1ᵉʳ janvier 1832.

DUREPAIRE DE TRUFFIN. FAUX (Barthélemie), son épouse. Truffin, [propriété dans le] quartier de la Trouble.	1⁰ Martial, 1ᵉʳ du nom. 2⁰ Martial, 2ᵉ du nom. 3⁰ Martial, 3⁰ du nom. 4⁰ Marguerite, veuve Veyret-Latour. Seuls héritiers pour 1/4 de leurs père et mère, anciens propriétaires.
SUIRE (Barthélemi). RIVALLAUD (Marie-Anne), son épouse.	1⁰ Marie-Suzanne Suire, veuve Delacroix Durepaire. 2⁰ Marie-Victoire Suire, épouse Forges-Desgraves. Héritières chacune pour moitié de leurs père et mère, anciens propriétaires.

Martial de la Valade de Truffin épousa *Barthélemye* REINOT-FAUX ou REINAT-FOX, dont il eut :

1⁰ *Martial* DE LA VALADE DU REPAIRE DE TRUFFIN, 1ᵉʳ du nom [1], écuyer, volontaire au régiment du Cap-Français, à Saint-Domingue, le 30 avril 1782 ; il fut à cette date parrain de ses deux frères cadets.

2⁰ *Martial*, 2ᵉ du nom, qui suit.

_____

(1) Cet enfant nous paraît issu d'un premier mariage de Martial de la Valade du Repaire de Truffin, 1ᵉʳ du nom (degré VIII), antérieur à celui avec Barthélemye Reinot-Faux. Peut-être aussi faut-il le confondre avec Martial de la Valade du Repaire de Truffin, IIᵉ du nom (degré IX). Il faudrait en ce cas attribuer à Martial de la Valade du Repaire de Truffin, IIIᵉ du nom (degré VIII 3⁰) l'acte de baptême que nous avons donné à Martial de la Valade du Repaire de Truffin, IIᵉ du nom (degré IX). Si l'âge de ce dernier à son décès avait pu être connu, le problème se serait trouvé résolu.

3° *Martial* DE LA VALADE DU REPAIRE DE TRUFFIN, 3° du nom, capitaine au régiment du Cap, né en 1778 en la paroisse Saint-Michel du quartier de Plaisance, dépendance de la juridiction du Cap, à Saint-Domingue, mort le 31 mars 1850 à Chasseneuil (Charente).

4° *Martial*, dit *Joseph* DE LA VALADE DU REPAIRE DE TRUFFIN, né le 9 janv. 1780, baptisé le 30 avril 1782 en l'église Saint-Michel du quartier de Plaisance, dépendance de la juridiction du Cap, à Saint-Domingue ; il eut pour parrain « *Marcial de* « *Lavallade de Truffin, écuier, chevalier, volontaire* « *au régiment du Cap, son frère aîné, de présent à sa* « *garnison* » et pour marraine « *dame Rénot·Féran-* « *dière, épouse de messire Palliot, chevalier de l'or-* « *dre roial et militaire de Saint-Louis, de présent en* « *en France.* » (*Archives du Ministère des Colonies* de Paris. G¹ 356.)

Joseph-Martial de la Valade de Truffin habita la Réole (Gironde) de 1820 à 1824, et Saint-Sève, commune du même département, arrondissement de la Réole, de 1848 à 1851. Il décéda à Saint-Sève, le 26 avril 1851, à l'âge de 72 ans. Il avait épousé *Jeanne* GACHER, dont il eut une fille, âgée de 18 ans au 1ᵉʳ janv. 1824¹. (*Archives nationales* de Paris. Dossier F. 95625.)

5° *Marguerite-Sophie* DE LA VALADE DU REPAIRE DE TRUFFIN, née en 1783 en la paroisse de Plaisance, dépendance de la juridiction du Cap Français, à Saint-Domingue, morte à Chasseneuil (Charente), le 1ᵉʳ juin 1858, avait épousé Jean Veyret-Latour, fils de Jean V.-L. et de Marguerite de Fornelle. (Voir leurs descendants, page 30.)

(1) Elle épousa M. Barbot, propriétaire à Saint-Hilaire-la-Noaille (Gironde). De ce mariage naquit une fille qui fut mariée à M. Joyeux, notaire à Saint-Ferme (Gironde). Ce dernier quitta Saint-Ferme pour habiter Moupont-sur-l'Isle (Dordogne) et y maria sa fille à son neveu, M. Joyeux, actuellement officier d'artillerie.

IX. — *Martial* DE LA VALADE DU REPAIRE DE
TRUFFIN, IIe du nom, habita d'abord à Saint-Domingue avec son père et passa ensuite à la Havane.
Il naquit le 11 juin 1777 et fut baptisé, le 30 avril
1782, en l'église Saint-Michel de la paroisse de Plaisance, dépendance de la juridiction du Cap Français, à Saint-Domingue ; il eut pour parrain
« *messire Marcial de La Vallade de Truffin,*
« *écuier, chevalier, volontaire au régiment du*
« *Cap, son frère aîné, de présent à sa garnison* »,
et pour marraine « *dame Rénot-Férandière, épouse*
« *de messire Palliot, chevalier de l'ordre Roial*
« *et militaire de Saint-Louis, de présent en*
« *France.* (Archives du Ministère des Colonies.
G^1 356.)

Il mourut sur sa plantation et fut inhumé à San-
Hilario de Guamutas, province de Matauzas, île de
Cuba, le 19 mai 1832.

Il avait épousé dans cette île mademoiselle *Claire*
DE LASSABE, dont il eut sept enfants, savoir :

1° *Martial,* qui suit.

2° *François* DE LA VALADE DU REPAIRE DE TRUFFIN, décédé
sans succession.

3° *Paul* DE LA VALADE DU REPAIRE DE TRUFFIN, fusillé par
les volontaires espagnols en 1869 et qui ne laissa
point de succession.

4° *Rose* DE LA VALADE DU REPAIRE DE TRUFFIN, mariée à
M. *Antoine* Ulmo, dont : *Alphonse, Claire, Martial,*
Joséphine, Cécile et *André* Ulmo.

5° *Alphonsine* DE LA VALADE DU REPAIRE DE TRUFFIN,
mariée à M. de Witte.

6° *Léocadie* DE LA VALADE DU REPAIRE DE TRUFFIN, mariée

1° à M. *François* Ulmo, dont *Joseph, François* et *Rose* Ulmo ; 2° à M. Gordon, dont *Richard* Gordon.

7° *Joséphine* DE LA VALADE DU REPAIRE DE TRUFFIN, mariée 1° à M. Sarrazin, dont une fille, *Claire* Sarrazin ; 2° à M. *Théodore* Lüling, dont cinq enfants : *Florent, Frédérica, Charles, Joséphine* et *Marie-Louise* Lüling.

X. — *Martial* DE LA VALADE DU REPAIRE DE TRUFFIN, III° du nom, né à l'île de Cuba, le 12 avril 1809, mort à la Havane en 1892, avait épousé, en 1839, Mademoiselle *Marie* AMADOR dont il eut six enfants :

1° *Claire* DE LA VALADE DU REPAIRE DE TRUFFIN, mariée à M. G. Bravet.

2° *Isabelle* DE LA VALADE DU REPAIRE DE TRUFFIN, mariée à M. J. Ulmo.

3° *Léocadie* DE LA VALADE DU REPAIRE DE TRUFFIN, mariée à M. M. Ramos, lieutenant-colonel dans l'armée espagnole.

4° *Joseph-Marie* DE LA VALADE DU REPAIRE DE TRUFFIN, mort à Matauzas (île de Cuba), en 1879.

5° *Dolorès* DE LA VALADE DU REPAIRE DE TRUFFIN, mariée à M. A. Sarria.

6° *François-Régis*, qui suit.

XI. — *François-Régis* DE LA VALADE DU REPAIRE DE TRUFFIN, né en 1857, est actuellement (1897) président de la Chambre du commerce français de la Havane, Consul impérial de Russie en cette ville et chevalier de Sainte-Anne. Il a épousé en 1888 Mlle Mathilde OJEDA CREMADELLS, morte à la Havane en 1897 et dont il a eu deux filles :

1º *Mathilde* DE LA VALADE DU REPAIRE DE TRUFFIN.

2º *Régine* DE LA VALADE DU REPAIRE DE TRUFFIN.

DE LA VALADE, EN PÉRIGORD

FRAGMENTS

Julien DE LA VALADE, sieur de Peytavigne, habitant de Lanouaille, épousa *Catherine* DESOULAS dont il eut :

1º *Jean* DE LA VALADE, baptisé à Lanouaille, le 13 août 1636; il eut pour parrain Jean Desoulas, fils de feu Pierre D., et pour marraine Peyronne de la Valade, femme de messire Julien Rivet, juge de la châtellenie de Château-Bouchet.

2º *Aubin* DE LA VALADE, baptisé à Lanouaille, le 16 juin 1639; il eut pour parrain Aubin de la Valade, sieur de Truffin, auteur de la branche cadette de Bourgogne, et pour marraine Jeannette Desoulas.

3º *Léonarde* DE LA VALADE, baptisée à Lanouaille, le 17 mai 1641 ; elle eut pour parrain Claude de la Valade, sieur du Mazeau, assisté de Jacques de la Valade, sieur du Caillaud, et pour marraine Léonarde Gay, fille de Léonard Gay, sieur du Mas-Loubier. Elle habitait la ville d'Excideuil en Périgord, le 4 avril 1660.

29 août 1669. Inhumation à Lanouaille de *Guillaume* DE LA VALADE, sieur de Peytavigne.

Jean DE LA VALADE, sieur des Planchettes [1], parrain à Lanouaille, le 21 août 1625.

23 sept. 1666. *Jean* DE LA VALADE, sieur de las Planchetas, habitant au lieu de Truffin, par. d'Angoisse.

31 mars 1709. Inhumation dans l'église de Lanouaille d'*Anne* DE LA VALADE, demoiselle des Planchettes, morte la veille au village de Truffin, à l'âge de 80 ans environ.

31 mars 1641. *Jacques* DE LA VALADE, sieur de Beaupré, à Lanouaille.

15 nov. 1646. *Jean* DE LA VALADE, sieur de Momie [2] et y habitant, parrain à Lanouaille.

1er juin 1688. Baptême à Lanouaille de *Jacques* DE LA VALADE, fils de François de la V., sieur de Moumie; parrain : Jacques de la Valade de Truffin.

21 déc. 1730. Inhumation à Lanouaille de *Jean-Marc* DE LA VALADE, sieur des Planchettes, mort à 40 ans, à Truffin d'Angoisse.

16 sept. 1747. Inhumation à Lanouaille de *Suzanne* DE LA VALADE, fille de Jacques de la V. du Caillaud et d'Anne Lescure.

Par lettres données à Nérac, le 2 nov. 1582, par Henry, roi de Navarre, comte de Périgord, vicomte

1. Lieu-dit près de Truffin, commune d'Angoisse.
2. Momie, actuellement ferme de la commune de Lanouaille.

de Limoges, etc., messire Armand de Gontaut-
Biron, seigneur et baron de Salagnac, chevalier de
l'ordre du Roi, conseiller et chambellan dudit roi
de Navarre, assisté de maîtres *Bertrand* DE LA
VALLADE, Jean de Freixe, conseillers et maîtres des
requêtes dudit roi de Navarre, et N... des Champs,
secrétaire et trésorier général du même roi, fut
commis à recevoir les fois et hommages dûs au roi
de Navarre par les ecclésiastiques, gentilshommes
et autres tenans fiefs nobles dudit roi de Navarre
dans les comté de Périgord et vicomté de Limoges.
(Bibliothèque nationale. Ms français 32527, 2ᵉ partie, folios 1 et 2 verso, et 32528, p. 221 et 223.)

Le même Bertrand de la Valade est inscrit comme
maître des requêtes aux gages de 123 livres 1 sol
sur l'*État des gentilshommes, gens de conseil et
officiers de la maison du roy de Navarre, des-
quels il entend se servir cy-après, à commencer le
premier jour de janvier de l'année mil cinq cens
quatre vingtz et deux.* (*Ibidem.* Ms français 31882,
p. 918.)

Ce Bertrand de la Valade ne figure pas dans la
généalogie des de la Valade de Truffin ; nous ne
le mentionnons en conséquence que pour mémoire.

Il descendait peut-être d'Hélie de la Valade,
licencié ès-lois et qui occupe le premier degré de
cette généalogie.

Antoine de la Valade du Repaire *(sic)* fut main-
tenu dans sa noblesse à Bordeaux, le 3 sept. 1698.
(Note communiquée par le comte d'Arlot de Saint-
Saud.)

Isabeau Thomasson, née à Saint-Pierre de Sen-

sac, le 4 septembre 1675, fille de Léon Thomasson, écuyer, seigneur de Saint-Pierre et
des Vergnes, et d'Anne de Malet de Lajorie,
épousa, par contrat du 7 oct. 1707, passé devant
Bourzat, notaire, François Valade, sieur de la
Valade *(sic). (Généalogie de Thomasson* par le
même.)

Voici enfin un document relatif au Périgord et
que nous donnons à titre de curiosité, car il ne
paraît pas se rapporter à la famille qui fait l'objet
de cette notice :

« Pardevant nous Pierre de Marquessac, escuyer,
« s' dudict lieu, conseiller du Roy, jugemaige et
« lieutenant general, et Dominicque de Bordes,
« aussi conseiller du Roy et son procureur en la
« seneschaucée de Perigort, a compareu Helie de
« Maugon, escuyer, s' du Pin, viseneschal pour
« Sa Majesté audict pays et seneschaucée, lequel
« nous a requis assister à la monstre et reveue
« qu'il entend faire pardevant nous de sa compa-
« gnie qu'est de son lieutenant, ung greffier et dix
« archers, à luy ordonnés pour le bien de la justice
« de ladicte seneschaucée, soubznommés et enrol-
« lés pour le quartier de juillet, aoust et septembre
« an present, pour, ce faict, luy en octroier acte
« que luy aurions concedé pour luy servir que de
« raison. Faict en la ville de Perigueux, le troi-
« ziesme jour d'octobre mil cinq cens quatre vingtz
« ung.

« Et premierement Helie de Maugon, escuyer,
« viseneschal susdict.

« Pierre de Maugon, aussi escuyer, son lieute-
« nant ; maistre Anthoine Dieras, son greffier ; Ber-

« nard Planche, Pierre Planche, Jehan Planche et
« Guillaume Chounang, du lieu de Mensinhac [1],
« Guilhen la Plue, François Vallade de Perigueux,
« Helies Rebiere, Phelippes Bouthier, Leonard
« Chassaignes et Pierre Geoffre, du lieu de Chas-
« teau Levesque, ses archers.

« Lesquelz viseneschal, lieutenant, greffier et
« archers nous jugemaige et procureur du Roy
« susdict certifions à tous qu'il appartiendra avoir
« veus marcher devant nous en bon equipage,
« montés, armés et en estat suffizant pour l'execu-
« tion de leurs charges, desquelles ilz se sont bien
« et deuement aquictés pendant ledict cartier, faict
« le service et chevauchées requises en ladicte
« province, et ont promis continuer moyennant
« serement par eulx presté aulx sainctz evangilles
« aulx jour, lieu, moy et an susdicts.

« *(Signé)* DE MARQUESSAC juge maige. DE BORDES
« procureur du Roy. »

*(Bibliothèque Nationale. Collection Clairam-
bault*, reg. 130, n° 52. Parchemin original scellé
aux armes de Marquessac. Sceau rond, de 28 millim.
Écu à la croix chargée de quatre coquilles et de
quatre lions passant deux en chef et un en pointe,
cantonnée aux 1 et 4 de trois besants ou tourteaux;
aux 2 et 3 de quatre aiglettes, 2 et 2. Description
empruntée à l'*Inventaire des sceaux de la Collection Clairambault* par G. Demay, n° 5768.)

---

(1) Forme latine de Mensignac.

DE RAYMOND

SEIGNEURS DE BEAUSOLEIL, PAROISSE DE SARLANDE

PÉRIGORD

ARMES : *losangé d'or et d'azur.*

François-Alexandre Aubert de la Chesnaye des Bois, dans son précieux *Dictionnaire de la Noblesse*, édité à Paris de 1770 à 1786, a publié la généalogie des différentes branches de la famille de Raymond.

Nous ne donnons ici que la branche mère et celle des seigneurs de Beausoleil, en complétant le texte de ce généalogiste avec les renseignements que nous avons puisés aux sources suivantes : Bibliothèque nationale. *Pièces originales*, registre 2.441, cote 54.924, n° 67. *Collection de Périgord*, vol. 157, cote 337, et État-civil de Sarlande.

I. — *Mondot* DE RAYMOND, écuyer, seigneur de la Gonterie, paroisse de Saint-Pardoux, près de Mareuil, en Périgord, fut présent, le 13 déc. 1451, au contrat de mariage de son fils :

II. — *Ytier* DE RAYMOND, écuyer, seigneur de la Gonterie et d'Aulagnie, épousa, par contrat du 13 déc. 1451, Marie Seschand et testa le 3 mars 1475 ; ils eurent neuf enfants, parmi lesquels :

III. — *Hélie* DE RAYMOND, écuyer, seigneur des mêmes lieux, épousa, par contrat du 14 fév. 1488,

Françoise de Jussac ; il testa le 20 nov. 1543 et sa femme le 5 mars 1548 ; ils eurent sept enfants, parmi lesquels :

IV. — *Poncet* DE RAYMOND, Ier du nom, écuyer, seigneur des mêmes lieux, épousa, par contrat du 21 mars 1514, Claire de Seirac, *alias* de Seyrat, fille de Pierre de S., écuyer, seigneur de la Perrière, laquelle testa le 25 janv. 1557 ; elle était alors remariée à Robert Boivin, écuyer. Poncet de Raymond eut de ce mariage sept enfants, parmi lesquels :

V. — *Pierre* DE RAYMOND, écuyer, seigneur des mêmes lieux et de la Perrière, testa le 17 sept. 1557 ; il avait épousé, le 8 avril 1541, Anne du Puy, fille de François du P., écuyer, seigneur de Trigonan et de la Roche, et d'Anne du Bois, et en eut :

VI. — *Poncet* DE RAYMOND, IIe du nom, écuyer, seigneur des mêmes lieux, épousa, par contrat du 3 déc. 1567, Françoise de Maigné, fille de Jean de M., écuyer, seigneur de Beausoleil et de Sarlande, et de Jeanne d'Autret ; ils testèrent le 20 août 1602 et eurent trois fils :

1° *Jean* DE RAYMOND, écuyer, seigneur d'Aulagnie et de la Perrière, qui fut maintenu dans sa noblesse le 30 avril 1635, avec son frère cadet Jean ; il avait épousé, le 7 août 1614, Françoise de Macanan, dont postérité.

2° Autre *Jean*, qui suit.

3° *Pierre* DE RAYMOND, général des armées des Vénitiens par lettres de commission du 23 juin 1610.

VII. — *Jean* DE RAYMOND, Ier du nom, écuyer, seigneur de Beausoleil, épousa, par contrat du 7 nov. 1616, Louise de Pindray, dont :

1º *Jean*, qui suit.

2º Autre *Jean* DE RAYMOND, écuyer, seigneur de la Grange et qui épousa, par contrat du 23 janv. 1646, Marie de Haulmon.

3º Autre *Jean* DE RAYMOND, écuyer, seigneur de la Borie.

VIII. — *Jean* DE RAYMOND, IIe du nom, écuyer, seigneur de Beausoleil, de la Grange et de la Borie, épousa, par contrat du 17 sept. 1645, Marguerite de Fornel, *aliàs* de Fournel, dont :

IX. — *Jean* DE RAYMOND, IIIe du nom, écuyer, seigneur de Beausoleil et en partie de Sarlande, épousa, par contrat du 8 févr. 1667, Marguerite-Martiale de Tessières, fille de François de T., écuyer, seigneur de Chatreix, du Parc et du Puy-Miramont, et de Catherine de Magrand. (*Arch. de la Dordogne.* Série B.) De cette alliance :

1º *François*, qui suit.

2º *Antoinette* DE RAYMOND, qui épousa Jean Debort, sieur de la Jarousse, paroisse d'Angoisse, dont elle eut :

A. *Marguerite* DEBORT, née en 1719, morte à Beausoleil et inhumée, le 20 oct. 1734, en la petite église de Sarlande.

B. *Antoinette* DEBORT, née le 23 oct. 1735 et baptisée le même jour à Angoisse ; elle eut pour marraine Antoinette de la Faye, dame de Beausoleil.

X. — *François* DE RAYMOND, écuyer, seigneur de Beausoleil et en partie de Sarlande, mourut le 20 mai 1753; il avait épousé, le 26 mars 1706, Antoinette de la Faye, et en eut :

1° *Jean,* qui suit.

2° *Catherine* DE RAYMOND, née le 23 janv. 1719 et baptisée le surlendemain en l'église Saint-Léger de Sarlande ; elle eut pour parrain Antoine Malet et pour marraine Catherine des Jonies, dame de Chatreix ; elle épousa à Sarlande, le 7 janv. 1737, Jean de la Valade, écuyer, seigneur du repaire noble de Truffin, paroisse d'Angoisse, et de Françoise Andraud. (Voir page 15.)

3° *Gabriel* DE RAYMOND, né le 29 août 1720 et baptisé le surlendemain à Sarlande ; il eut pour parrain Gabriel de Tessières, écuyer, seigneur de Chatreix, et pour marraine Louise de Tessières de Genis.

4° Autre *Jean* DE RAYMOND, dit le chevalier de Beausoleil, né et baptisé à Sarlande, le 13 oct. 1717; il eut pour parrain Jean de Raymond, écuyer, seigneur de la Gauterie *(sic)*, de la paroisse de Saint-Pardoux en Périgord, représenté par Jean DE RAYMOND, frère de l'enfant, et pour marraine Martiale de Tessières. Il épousa, par contrat du 22 oct. 1754, Françoise de Tessier du Mas des Champs.

5° *N...* DE RAYMOND, religieuse à la communauté de Sainte-Claire, à Saint-Yrieix.

XI. — *Jean* DE RAYMOND, IVe du nom, écuyer, seigneur de Beausoleil et de Sarlande, mourut le 6 avril 1750; il avait épousé, le 24 mars 1727, Jeanne de Bruchard de la Pomélie, dont il eut quatre filles :

1º *Antoinette* DE RAYMOND, née le 15 et baptisée le 19 janv. 1729 à Sarlande ; elle eut pour parrain son grand-père François DE RAYMOND, écuyer, seigneur de Beausoleil, et pour marraine sa grand'tante Antoinette DE RAYMOND, dame de Saint-Martin, habitant au village de la Ménardie. Elle épousa, N... de Pompadour, gentilhomme de la paroisse d'Angoisse.

2º *N...* DE RAYMOND, qui demeura chez son oncle maternel, N... de Bruchard, lieutenant de Roi à Niort.

3º *N...* DE RAYMOND, qui épousa N... de Lanti, gentilhomme, ancien officier et chevalier de Saint-Louis, demeurant en la paroisse de Sarlande.

4º *Marie* DE RAYMOND, qui vécut avec sa mère à Beausoleil. Elle naquit le 10 mai 1746 et fut baptisée le même jour en l'église paroissiale de Sarlande ; elle eut pour parrain son oncle François-Philibert de Bruchard, seigneur de la Pomélie, paroisse de Saint-Paul d'Eyjeaux, en Limousin, et pour marraine Catherine de Raymond, dame du repaire de Truffin, paroisse d'Angoisse [1].

DESCENDANCE DE JEAN VEYRET-LATOUR

ET DE MARGUERITE-SOPHIE DE LA VALADE DE TRUFFIN

Voir page 18.

I. — *Jean Veyret*-LATOUR, né en 1784, à Cherves-Chatelars (Charente), mort à Vitrac (Charente),

---

(1) Je dois la communication de quelques-uns des actes ci-dessus sur la famille de Raymond à l'obligeance de M. L. Pouquet, secrétaire de la mairie de Sarlande. J'ai été aussi très obligeamment aidé, dans mes recherches sur la famille de la Valade, par M. Louis Gervaise, secrétaire de la mairie de Lanouaille. Je tiens à les remercier ici publiquement. Je ne dois pas non plus oublier M. Jules Wallon, maire de Lanouaille, dont la bienveillance m'a laissé le meilleur souvenir.

le 6 avril 1873, fils de Jean V.-L. et de Marie de
Fornelle, épousa *Marguerite-Sophie* DE LA VALADE
DE TRUFFIN, née en 1785, en la paroisse Saint-Michel
de Plaisance (île de Saint-Domingue), fille de Martial de la V. de T., écuyer, seigneur du repaire noble
de Truffin, capitaine au régiment du Cap et chevalier de Saint-Louis, et de Barthélemye Reinot-
Faux ou Reinat-Fox [1]. Il eut de ce mariage trois
enfants :

1º *Françoise-Élisabeth* VEYRET-LATOUR, épouse de *Jean-
   Baptiste* BONCENNE, née en 1806 à Cherves-Chatelars,
   morte à Civray (Vienne), le 20 janv. 1894 ; sans
   enfants.

2º *Jean-Joseph* VEYRET-LATOUR, né en 1808, à Cherves-
   Chatelars, mort à Vitrac, veuf de *Marguerite* BOUTI-
   NON ; sans enfants.

3º *Isoline-Élisabeth*, qui suit.

II. — *Isoline-Élisabeth* VEYRET-LATOUR, née à
Cherves-Chatelars en 1810, morte à La Rochefoucauld (Charente), le 3 oct. 1891, avait épousé,
en 1844, Yves-Marie SÉNÉCHAL, garde des forêts,
ancien sous-officier, chevalier de l'ordre de la
Tour et l'Épée de Portugal. De ce mariage naqui-
rent trois enfants :

1º *Joseph* SÉNÉCHAL, né le 16 nov. 1846, a épousé, en
   1872, *Philomène* PÉTOUREAU, dont quatre enfants :

   A. *Camille* S., fille, née en 1874.

   B. *Marguerite* S., née en 1876, mariée en 1894

---

1. A l'état-civil de Chasseneuil, ce nom se trouve écrit Reinat-Fox.

avec *Amédée* DUCHIRON, dont : *Marthe* D., née
en 1895.

C. *Joseph* S., né en 1878.

D. *Clémence* S., née en 1880.

2° *Yves* SÉNÉCHAL, négociant à La Rochefoucauld, né
le 2 mai 1848, a épousé 1° en 1874, *Céline* FOUR-
GEAUD, morte en 1877, dont : A. *Henri* S., étudiant en
pharmacie, interne des hôpitaux de Paris ; 2° en 1879,
Clémence-Aimée LEYX, fille d'un ancien maréchal des
logis de gendarmerie, chevalier de la Légion d'honneur, nommé depuis commissaire de police à Nontron. De ce second mariage : B. *Marie* S., née en
1880. C. *Jeanne* S., née en 1882. D. *Yvonne* S., née
1887, † en 1894. E. *Octave* S., né en 1888. F. *Jean-
Marie-Léopold-Régis* S., né le 29 nov. 1897.

3° *Marguerite-Sophie* SÉNÉCHAL, née le 8 oct. 1850, ma-
riée 1° en 1878 à *Alexis* DÉCLIE, mort en 1889,
dont 3 enfants : A. *Gaston-Charles* D., né en 1879, à
Vitrac (Charente) ; B. *Albert* D., né à Vitrac en 1881 ;
C. *Alexis* D., né en 1887 ; 2° en 1892 à M. LAMAZE-
ROLLES.

BRANCHE CADETTE

SEIGNEURS DE GISSY, DE L'ÉTANG-VERDEAU ET DE PATIGNY
EN BOURGOGNE

IV. — *Aubin* DE LA VALADE, deuxième fils de
Guillaume de la Valade, écuyer, seigneur de Truffin, et de Catherine de Tessières, demeurait en la
ville de Luzy [1] (Nivernais) ; il est qualifié écuyer,
seigneur de Truffin, maréchal des logis de la compagnie du baron de Linars [2] et aide-major au régiment de la Feuillade dans son contrat de mariage
du 2 mars 1645. Il est rappelé comme capitaine au
régiment de Gouvernet dans l'acte de mariage de
son fils du 11 août 1680. Il ne vivait plus à cette
date et avait épousé, par contrat du 2 mars 1645,
passé devant Lardereau, notaire de Luzy, *Claude*
Simonin [3].

Il fut parrain à Luzy : 1° le 3 juillet 1645, d'Aubin
Dumont, fils d'Henry D.; 2° le 31 mai 1646, d'Au-

---

1. La paroisse de Luzy faisait partie du Bazois, contrée de l'ancienne
province de Nivernais ; c'est actuellement un chef-lieu de canton de l'arrondissement de Château-Chinon (Nièvre). Les actes utilisés dans la
présente notice ont été reçus par les curés de Luzy suivants : L. Bartho-
lomier, 1641-1647 ; Bergeret, 1681-1683 ; Nandrot, 1693 ; Michel, 1722 ;
Dupain, 1739.

2. Haut et puissant seigneur messire François de Gaing, baron de
Linars, capitaine d'une compagnie de cavalerie légère, le 16 juin 1636.
(Bibl. nationale. *Pièces originales*, reg. 1266, cote 28,407, n° 66.)

3. 1574. — Achat d'une maison à Cruze, paroisse de Tazilly, voisine de
celle de Luzy, par maitre Jean Symonin, procureur fiscal de la châtellenie
de Luzy, et par son frère, Pierre Symonin, curé de Luzy.
1611. — Adrien Symonin, procureur fiscal de Luzy. Avant 1624, Marie
Symonin, femme de Denis Nault.
(Notes communiquées par M. A. de Villenaut, de Vauzelles, près de
Nevers, auteur d'un *Nobiliaire du Nivernais* en préparation.)

bin Combriost, fils de François C., maître couvreur
à Luzy, et qui eut pour marraine Anne Dijon, fille
de feu Toussaint D., notaire et praticien à Luzy.
Claude Simonin fut marraine à Luzy : 1º le 11 juin
1645, de Claude Vanneau, fils d'honorable homme
Léonard V., marchand à Luzy ; 2º le 1er août 1645,
de Claudine Boullon, fille de Claude B., chausse-
tier à Luzy ; le parrain fut Jean Conneron, marchand à Luzy ; 3º le 2 février 1646, de Jacques Mil-
let, fils d'Antoine M., maître tailleur d'habits à
Luzy, et de Marguerite Eynault ; le parrain fut
Jacques de Chaugy, écuyer, seigneur de Savigny-
l'Estang ; le 4 nov. 1646, de Simone Bauldrion,
fille de maître Guillaume B., sergent royal et greffier des justices de Luzy, Saint-André et Sémelay
pour son Altesse le duc de Nevers ; le parrain fut
maître Simon Martrain, receveur du Roi en l'élection de Nivernais ; 5º en 1647, de René Guéneault,
fils de Léonard G., marchand à Luzy, et de Tous-
sine Delafon ; le parrain fut René Bonnemet, receveur des décimes du Roi en Bretagne.

Le 16 juin 1639, Aubin de la Valade avait été
aussi parrain à Lanouaille en Périgord, d'Aubin de
la Valade de Peytavigne (voir page 21) ; il est qualifié sieur de Truffin dans cet acte.

Claude Simonin survécut à Aubin de la Valade
et épousa en secondes noces, vers 1660, Pierre de
Jarsaillon, écuyer, seigneur de Curgy et de Crespy,
capitaine de cavalerie, fils de Cosme de J., capitaine d'infanterie sous Henri IV, et de Jeanne des
Couleurs. Claude Simonin eut de ce second mariage : Denis-François de Jarsaillon, chevalier,
seigneur des Planches et de Chizy-le-Monial, capitaine de cavalerie dans le régiment de Phélypeaux,

puis brigadier des chevau-légers de la garde du
Roi, présent, le 10 janvier 1714, avec son fils, messire Marguery-Philibert [1] de J., chevalier, seigneur
des Planches, mousquetaire de la garde du Roi, au
contrat de mariage de Guillaume-François de la
Valade, leur neveu et cousin. Par lettres données
à Versailles en nov. 1706, signées du Roi et sur le
repli Chamillart, ledit Denis-François de Jarsaillon, alors porte-étendard de la compagnie des
chevau-légers de la garde ordinaire du Roi, fut
maintenu et confirmé dans sa noblesse, avec sa
postérité mâle et femelle, née et à naître en légitime mariage. Ces lettres énumèrent les états de
service de Denis-François de Jarsaillon : il entra
d'abord comme cadet, en 1677, dans le régiment
de Cayeux-cavalerie, puis il servit successivement :
en 1680, dans les gardes du corps du Roi, compagnie du maréchal de Lorges ; en 1684, comme cornette dans le régiment de Roussy-cavalerie ; de
1685 à 1688, dans les chevau-légers de la garde du
Roi. En 1688, il forma une compagnie de cavalerie
dans le régiment de Phélypeaux, compagnie qu'il
dut abandonner, en 1689, par la perte de ses chevaux. Rentré en 1691 dans la compagnie des chevau-légers de la garde du Roi, il servit en cette
qualité au siège de Namur et aux combats de Steinkerque et de Nerwinde, où il donna, *aussy bien
que dans tous les autres employs qu'il avoit précédemment exercez, des preuves de toute la valeur,
la fermeté, l'expérience et la conduite que l'on
peut désirer dans un homme de guerre.* En 1702
et 1703, il exerça la charge de sous-aide-major aux

---

1. La Chesnaye-des-Bois lui donne les prénoms de Marguerite-Gilbert.

chevau-légers de la garde du Roi et devint ensuite porte-étendard. En conséquence de ces lettres, un brevet d'armoiries fut délivré à Denis-François de Jarsaillon, le 1ᵉʳ décembre suivant, par Charles d'Hozier, juge d'armes de France et garde de l'*Armorial général de France*. Ce brevet lui permit de continuer à porter les mêmes armoiries que celles qui avaient été de tout temps portées par sa famille et qui sont : *tiercé en fasce : au 1ᵉʳ, de gueules au lion léopardé d'or ; au 2ᵉ, d'or à trois trèfles de sinople ; au 3ᵉ, d'argent à trois bandes de sinople.* (Bibliothèque nationale. *Pièces originales*, reg. 1572, cote 36,082, et *Armorial de Bourgogne* de 1696, vol. II, p. 189.)

Claude Simonin avait eu de son premier mariage, avec Aubin de la Valade :

1º *Catherine* DE LA VALADE DE TRUFFIN, baptisée à Luzy, le 3 déc. 1647 ; elle eut pour parrain maître Hiérosme Nault, licencié ès-lois, juge et lieutenant de la ville de Luzy et de Savigny-Poil-Fol, et pour marraine damoiselle Catherine Danguy, fille de feu Gaspard D., écuyer, capitaine de Luzy.

2º *Éléonor-Alexandre*, dont l'article suit.

V. — *Éléonor*-ALEXANDRE DE LA VALADE, chevalier, seigneur de Truffin, de Gissy [1], de Patigny [2] et de

---

1. Gissy, autrefois maison et terre noble, actuellement hameau de la commune de Saint-Didier-sur-Arroux (Saône-et-Loire). Éléonor-Alexandre de la Valade est qualifié pour la première fois seigneur de Gissy dans l'acte de baptême de son fils Guillaume-François du 10 mars 1684.

Jean Berger, homme d'armes d'une compagnie des ordonnances du Roi, était seigneur de Gissy en 1635. (Bibl. Nationale. *Nouveau d'Hozier*, vol. 37, cote 754, nº 2.)

Gissy passa ensuite à la famille Jacquinet, comme on le voit par l'acte suivant : 1ᵉʳ avril 1675. Baptême en l'église de Saint-Didier-sur-Arroux

l'Étang-Verdeau [1], est qualifié lieutenant de cavalerie dans le régiment de Langallerie dans son acte de mariage du 11 août 1680, puis major du régiment du Mestre de camp de cavalerie et chevalier de Saint-Louis dans l'acte de mariage de son fils Guillaume-François du 10 janv. 1714; il naquit le 19 nov. 1652 et fut baptisé à Luzy le 29 oct. de l'année suivante; il eut pour parrain Noël-Éléonor Palatin de Dio [2], fils de haut et puissant seigneur messire François-Éléonor P. de D., comte de Montperroux, seigneur de la Roche-en-Brenil, de Boyer, de Saint-Beury, de Montmort et autres lieux, et de Léonore Damas de Digoine, et pour marraine Marguerite du Puy, fille de haut et puissant seigneur messire Alexandre du P., marquis de Saint-André-Montbrun, conseiller du Roi en ses conseils, lieutenant général en ses

de Denis, né le 11 mars précédent, fils de Guillaume Jacquinet, seigneur de Gissy, et de Catherine de Berger (ils avaient été mariés en 1663); parrain : Denis Ducret, écuyer, seigneur de Ponet (*Ponay*); marraine : damoiselle Jeanne d'Escorailles.

2 de la page précédente. Actuellement Patiny, hameau de la commune de Saint-Didier-sur-Arroux.

1. Il s'agit évidemment de l'étang de Bousson que dominent actuellement, à l'est, le château de Charency, propriété du comte de Danne, et le village de Saint-Didier-sur-Arroux, à l'ouest, les hameau et château de Gissy. Cet étang qu'entourent de beaux arbres et une riche végétation est assez considérable; il est vidé tous les deux ans et le poisson qu'on en retire est vendu dans les quatre à cinq mille francs. Il n'avait pas aux xviie et xviiie siècles la forme qu'il a aujourd'hui; il était divisé en deux parties : la partie méridionale, beaucoup plus petite que la partie septentrionale, était séparée de cette dernière par un canal sur lequel se trouvait *le Moulin Verdeau*. De là probablement le nom d'Étang-Verdeau donné à cet étang aux xviie et xviiie siècles. (Voir la carte de Cassini.) Sur la rive occidentale de l'étang de Bousson se trouve actuellement la métairie Reverdeau. Il existe aussi dans la commune de Saint-Didier-sur-Arroux un lieu dit *Le Verdeau*.

2. Palatin de Dio : *fascé d'or et d'azur de six pièces, à la bordure de gueules*.

armées et son gouverneur en ses provinces de Nivernois et Donziois, et de Madeleine-Louise de Salins.

Éléonor-Alexandre de la Valade fut le parrain à Luzy : 1ª le 23 juin 1681, d'Eléonore Briet, fille de Mathieu B., laboureur au village de Pont-de-Cervières en Dauphiné; la marraine fut Lazare Regnault, femme de maître Lazare Repoux, bourgeois de Luzy ; 2° le 11 fév. 1682, d'Alexandre de Villards, fils de Hiérosme de V. et de Georgette Baudin ; la marraine fut Françoise Faure, femme de Claude Repoux ; 3° le 1ᵉʳ juil. 1698, étant capitaine aide-major au régiment de Montperroux, d'Éléonore-Aimable Danguy, née le 23 juin précédent, fille de Philippe D. [1], écuyer, seigneur de Monteuillon, paroisse de Luzy, et de Laché, et de damoiselle Marie de Corvol [2]; la marraine fut dame Aimable [3] Debesave, épouse de Jean-Guy de Courvol, écuyer, seigneur de Croisy, représentée par Jeanne Verrue, fille de chambre de la mère de l'enfant. Éléonor-Alexandre de la Valade absent fut aussi représenté à cette cérémonie par Claude Danguy, frère de la baptisée.

Le 29 avril 1686, il avait été présent au contrat de mariage de Jacques des Jours, chevalier, sei-

---

1. Philippe Danguy était fils d'Adrien D., seigneur de Moragne, de Marteville et de Patigny, et d'Éléonore de Chaugy, fille de Simon de Chaugy, seigneur de Cuzy, de Fontenailles et de Maisoncelles, et de Claude de Broc.

Philbert Danguy, écuyer, seigneur de Monteuillon : *d'azur à une croix ancrée d'or.(Armorial du Bourbonnais de 1696, p. 58, bureau de Nevers.)*

2. Le nom de cette famille s'est aussi écrit et le plus souvent Courvol. Armes : *de gueules, à la croix ancrée d'or, accompagnée en chef de deux étoiles d'argent.*

3. L'auteur de la généalogie de Courvol lui donne les prénoms d'Edmée-Madeleine.

gneur de Mazille, paroisse de Luzy, capitaine des
gens d'armes de la garde du Roi, avec Marie de
Courvol. (*Généalogie de Courvol*, in-4°, 1753,
page 58.)

Il avait épousé, par contrat du 11 août 1680,
passé devant Despareille, notaire à Milly, *Marguerite* de Chaugy [1], née en 1649, fille de Jacques de
C., écuyer, seigneur de Savigny-l'Estang, et de
Bénigne du Crest, fille de Denis du C., écuyer,
seigneur de Montcuillon, de Valence, etc., et de
Françoise de Ramilly, — et sœur de messire
François de Chaugy, présent, le 10 janv. 1714, au
mariage de son neveu, Guillaume-François de la
Valade, et qualifié dans cet acte chevalier, ancien
officier des gens d'armes du Dauphin et seigneur
de la Chazotte.

Les armes d'Éléonor-Alexandre de la Valade et
celles de sa femme, Marguerite de Chaugy, sont
enregistrées de la façon suivante, dans l'*Armorial
général de France*, recueil officiel, dressé et para-
phé, en vertu de l'édit royal de novembre 1696,
par Charles d'Hozier, juge d'armes de France et
garde dudit armorial : *d'azur à trois pots de vair
d'argent, posés deux en chef et un en pointe* (de
la Valade); *accolé : écartelé d'or et de gueules* (de
Chaugy). (Registres de Bourgogne. Descriptions,
I, page 267. Blasons coloriés, page 819. Manuscrit
original de la Bibliothèque Nationale.) Dans cet
enregistrement, Éléonor-Alexandre de la Valade
est qualifié chevalier, seigneur de Gissy, capitaine
de chevaux dans le régiment de Montpéroux.

D'un autre côté, MM. Henri Beaune et Jules

---

1. De Chaugy : *écartelé d'or et de gueules.*

d'Arbaumont, dans leur ouvrage intitulé *La No-blesse aux États de Bourgogne,* in-4°, 1864, page 316, décrivent ainsi les armes de la famille de la Valade de Truffin : *d'azur à trois cloches renver-sées d'argent.*

Marguerite de Chaugy fut marraine à Luzy : 1° le 29 juil. 1683, de François Danguy, né l'avant-veille, fils de Philibert D., écuyer, seigneur de Monteuillon et de Laché, et de Marie-Françoise de Corvol; le parrain fut François de Siry, écuyer, seigneur de Sérandez; 2° le 5 mai 1697, de Mar-guerite de Berger, fille de René-Magdelon de B., écuyer, seigneur de Charency, et de Jeanne du Bled ; le parrain fut Georges de Berger, frère de la baptisée.

On lit sur le registre paroissial de Saint-Didier-sur-Arroux [1] : « Le 8ᵉ may 1697 a esté benite la plus
« grosse cloche de Saint-Didier-sur-Arroux, pesant
« environ huict cent livres, par messire Denys
« Coulon, prestre, curé de Laizy, soubs les noms
« et en l'honneur de saint René et sainte Margue-
« rite. Son parain a esté René de Berger, escuyer,
« seigneur dudit Saint-Didier, et sa marenne dame
« Marguerite de Chaugy, espouse d'Eleonore-
« Alexandre de Truffin, escuyer, seigneur de
« Gissy, capitaine et aide-major au regiment de
« Montperoux ; estant assisté de messire Jean

---

1. La paroisse de Saint-Didier-sur-Arroux faisait partie de l'Autunois, contrée de l'ancienne province de Bourgogne, et dépendait de l'archiprêtré de Luzy ; l'évêque d'Autun était collateur de la cure. C'est mainte-nant une commune de Saône-et-Loire, canton de Saint-Léger-sous-Beu-vray, arrondissement d'Autun.

Les actes utilisés dans la présente notice ont été reçus par les curés sui-vants de Saint-Didier-sur-Arroux : de Montcharmoux, 1684 ; Denis Coulon, 1697 ; G. de la Roche, 1730-1733.

« Reigniault, prestre, curé d'Estang, et de nous
« prestre, curé de Saint-Didier, soubsigné avec
« lesdits parein et marenne. »

(*Signé seulement*) D. COULON. J. REIGNAULT.

M. l'abbé P. Corniot, curé actuel de Saint-
Didier-sur-Arroux, nous a fait l'accueil le plus
cordial pendant notre séjour dans ce village, en
août 1897, et a eu la bonté de nous montrer les
deux cloches de son église ; elles sont de ce siècle.
Les deux anciennes cloches ont disparu ou ont été
refondues.

Le 9 juin 1697, étant aide-major au régiment de
Montpéroux-cavalerie, Eléonor-Alexandre de la
Valade, donna quittance, dans les termes suivants,
des appointements du marquis de Montpéroux,
capitaine du régiment de ce nom et mestre de
camp :

« Nous Leonor-Alexandre la Valade Truffin,
« ayde major du regiment de cavalerie de Mont-
« peroux, confessons avoir receu comptant de
« maistre Jean-Louis Arnauld, conseiller du Roy,
« tresorier general de l'extraordinaire des guerres
« et cavallerie legere, par les mains de son commis
« à l'armée de la Mozelle, la somme de neuf cens
« quatre vingts deux livres huit deniers, ordonné
« estre mise en nos mains pour les appointemens
» de M. de Montperoux, tant en qualité de mestre
« de camp qu'en celle de capitaine dudit regiment,
« pendant les XXI derniers jours de décembre de
« l'année derniere, janvier, fevrier, mars, les XXIIII
« premier[s] et le dernier jour d'avril de la pre-
« sente, sur le pied de garnison, à raison de II
« livres IIII sols 6 deniers par jour. De laquelle
« somme de IX^c IIII^{xx} II l. VIII d. nous quittons

« ledit sieur Arnauld, son dit commis et tous
« autres. Fait au camp de Veselise [1], le neufviesme
« juin mil six cens quatre vingt dix sept.

(*Signé*) « ÉLÉONOR-ALEXANDRE DELAVADE TRUFFIN. »

Au dos de l'acte est écrit de la main d'Éléonor-
Alexandre de la Valade :

« Pour servir de quittance au thresorier general
« de l'extrahordinaire des guerres de la somme de
« neuf cent quatre ving deus livres huit deniers,
« ordonnés estre mis en mes mains pour les appoin-
« temens de M. le marquis de Montperrous, tant en
« qualité de mestre de camp qu'en celle de capi-
« taine d'un regiment de cavalerie, pendent les
« ving et un derniers jours de l'année derniere,
« janvier, fevvrier, mars, et les ving quatre pre-
« miers et le dernier jour d'avril de la presente.
« Fait au camp de Wetlie, le neufviesme juin mil
« six cen quatre ving et dix sept.

(*Signé*) « TRUFFIN. »

(Bibliothèque nationale. *Pièces originales*, reg.
2,917, cote 64,882, n 19. Parchemin original.)

Voici du reste les états de service d'Éléonor-
Alexandre de la Valade, délivrés par le ministère
de la guerre le 12 juil. 1897 :

Cavalier au régiment de Paulmy, compagnie de
Montpeyroux, en 1672 ; lieutenant au régiment de
Cayeux-cavalerie, le 15 mars 1675 ; entretenu à la
suite du régiment de Langallerie, le 8 août 1679.
Retiré en 1682. Reçu dans les gardes du corps du
Roi en 1688 ; lieutenant au régiment de Montpey-
roux-cavalerie en 1689 (régiment devenu successi-

---

1. Vézelise, chef-lieu de canton de l'arrondissement de Nancy (Meur-
the-et-Moselle).

vement Grammont, Maisonthiers et Campférand). Aide-major en 1690; rang de capitaine, le
24 oct. 1693; major, le 9 mai 1701. Passé au régiment du Mestre de camp général de cavalerie,
le 21 juin 1712; capitaine d'une compagnie, le 22 mai
1716 ; lieutenant-colonel, le 18 août 1719 ; décédé,
remplacé, le 22 sept. 1719.

Campagnes : 1675, 1676, 1677 et 1678, Flandre ;
1689, Rhin ; 1690 et 1691, Flandre ; 1692, Rhin ;
1696, Italie ; 1701, 1702, 1703, 1704, 1705 et 1706,
Italie ; 1707, 1708, 1709, 1710, 1711 et 1712, Flandre ;
1713, Rhin.

Blessures : aurait reçu plusieurs blessures.

Décorations : chevalier de Saint-Louis.

Le 20 avril 1711, par acte passé devant Brenot,
notaire à Autun, Éléonor-Alexandre de la Valade
acquit, pour la somme de 12,000 livres, la terre et
fief de Patigny en la paroisse de Saint-Didier-sur-
Arroux, de Marie-Françoise de Corvol, veuve de
messire Philbert Danguy, écuyer, seigneur de
Monteuillon, Laché et Patigny. Cet acte lui donne
les qualités de major au régiment de cavalerie de
Maisonthiers et de chevalier de Saint-Louis.

Etant veuve d'Éléonor-Alexandre de la Valade
de Truffin, décédé en 1719, Marguerite de Chaugy
mourut à l'âge de 75 ans et fut inhumée, le 6 octobre 1724, dans le chœur de l'église de Saint-Didier-
sur-Arroux.

Elle avait eu de son mariage :

1° *Guillaume-François*, qui suit.
2° *Jeanne-Nicole* DE LA VALADE, née le 4 mai 1687 et
baptisée le 10 en l'église de Saint-Didier-sur-Aroux ;

elle eut pour parrain maître Nicolas Nault [1], avocat au Parlement de Paris, juge des ville et châtellenie de Luzy, et pour marraine Jeanne-Anne de Blanchefort, femme de messire Claude de Marchant, chevalier, seigneur de la Fouchardière, de Mousseau et autres lieux, capitaine exempt des gardes du corps du Roi, commandeur de l'ordre de Saint-Louis.

VI. — *Guillaume-François* DE LA VALADE DE TRUFFIN, chevalier, seigneur de Gissy, de Patigny et de l'Étang-Verdeau, capitaine au régiment d'Orléans-cavalerie, chevalier de Saint-Louis, né et ondoyé le 27 déc. 1683 par messire Jean Bergeret, archiprêtre de Luzy, fut baptisé, le 10 mars 1684. en l'église paroissiale de Saint-Didier-sur-Arroux ; il eut pour parrain Guillaume de Lesmary, écuyer, sieur de l'Airaudie, capitaine du régiment de la Ferté, et pour marraine dame Claudine Simonin, femme de Pierre Dumey, écuyer. Voici le détail de ses états de service délivrés par le ministère de la guerre : Cornette au régiment de Montpeyroux-cavalerie, le 10 mars 1695, (régiment devenu successivement Grammont, Maisonthiers et Campférand). Licencié à la paix et resté au corps comme cavalier à la compagnie du Mestre de camp, en 1697 ; lieutenant réformé en mars 1702 ; capitaine, le 2 juillet 1702 ; réformé avec le corps et placé à la suite du régiment d'Orléans-cavalerie, le 15 août 1714; figure en cette qualité sur un contrôle du 1er avril 1715.

Campagnes : 1696, Italie ; 1701, 1702, 1703, 1704, 1705 et 1706, Italie ; 1707, 1708, 1709, 1710, 1711 et 1712, Flandre ; 1713, Rhin.

---

1. Nicolas Nault, conseiller du Roi, maire perpétuel de la ville de Luzy : *d'or à un navire de sable et un chef d'argent.* (Armorial de Bourbonnais de 1696, page 456.)

Décoration : chevalier de Saint-Louis.

Guillaume-François de la Valade, alors qu'il était capitaine au régiment de Campférand et chevalier de Saint-Louis, épousa, par contrat du 10 janv. 1714, passé aux lieu et château de Villette, paroisse de Poil, devant Cortet, notaire royal à Luzy, damoiselle *Anne-Françoise* de Velle, de la paroisse de Saulieu, fille de feu Michel de V. [1], conseiller du Roi, auditeur en la Chambre des Comptes de Dôle, et de Marie Rougé [2]. Le futur reçut en dot de ses père et mère la terre de Patigny, la somme de deux mille livres en un contrat de rente sur l'hôtel de ville de Paris, sa compagnie de cavalerie et ses équipages et chevaux. Cet acte fut passé en présence de messire Denis de Jarsaillon, chevalier, seigneur des Planches, brigadier des chevaulégers de la garde du Roi, oncle paternel du futur ; de messire François de Chaugy, chevalier, ancien officier des gens d'armes de Mgr le Dauphin et seigneur de la Chazotte, oncle maternel du futur ; de messire Pierre Bruneau [3], alors chevalier d'honneur au Châtelet de Paris et seigneur de Champlévrier, paroisse de Cheddes, plus tard (en 1720)

---

1. Michel de Velle, s[r] de Villette, maire héréditaire de Saulieu en 1700, fut nommé, le 3 décembre 1707, clerc et conseiller-auditeur en la Chambre des Comptes de Dôle, où il fut reçu le 28 février 1708. Il mourut le 24 avril 1712. Armes : *d'azur à deux ancres d'or en sautoir, surmontées de trois étoiles de même en chef.*

(Roger de Lurion. *Notice sur la Chambre des Comptes de Dôle.* Besançon, in-8º, 1892, p. 269.)

2. Claude de Rougé, notaire royal et greffier en la chancellerie de Saulieu : *d'argent à un rouget de gueules.* (*Armorial de Bourgogne* de 1696, p. 578, bureau de Mâcon.)

3. Pierre Bruneau était fils de Robert B..., reçu conseiller au Parlement de Paris, le 8 mars 1665, et de la Grande Chambre en 1698, et d'Hélène Boulin, fille de Pierre B., trésorier général du marc d'or et conseiller secrétaire du Roi Maison Couronne de France et de ses finances, et

baron de Vitry-sur-Loire, oncle du futur par sa femme Jeanne-Marguerite de Jarsaillon, fille du second mariage de Claude Simonin, veuve d'Aubin de la Valade, avec Pierre de Jarsaillon ; de messire Marguery-Philibert de Jarsaillon [1], chevalier, seigneur des Planches, mousquetaire de la garde du Roi, cousin germain du futur ; de messire Denis Rabiot [2], écuyer, seigneur de Meslé, cousin du futur ; de messire René-Magdelon de Berger [3], chevalier, seigneur de Charency, aussi parent du futur ; de messire Andoche-Claude Rougé d'Eize-

---

de Marie de Louvencourt. Les armes de Robert Bruneau étaient : *d'azur à la fasce d'argent, chargée de trois merlettes de sable, contournées et accompagnée de trois étoiles d'or.* (Bibl. nationale. *Armorial général de France* de 1696. Paris, vol. 1, p. 900. *Dossiers Bleus*, vol. 142, cote 3,493, n° 6, et ms français 31,978, p. 412.)

1. La Chesnaye des Bois lui donne les prénoms de Marguerite-Gilbert.

2. Denis Rabiot : *d'azur à une fasce d'or, accompagnée de trois étoiles de même en chef. (Armorial de Bourgogne* de 1696, t. 1, p. 270.) Jean-Baptiste Rabiot, sᵣ de Meslé, conseiller et auditeur en la Chambre des comptes, domaines, aides et finances du comté de Bourgogne à Dôle, en Franche-Comté. (Même Armorial, p. 818.)

3. René-Magdelon de Berger, écuyer, seigneur de Charency, gendarme du Roi, porte : *d'azur à un mouton passant d'argent, couronné d'or et surmonté de trois étoiles d'or, rangées en chef.* (*Armorial de Bourgogne* de 1696, vol. 1, p. 268 ; bureau d'Autun.)
Jean Berger, seigneur de Gissy, et Claude Berger, seigneur de la Rivière et de Charency, étaient tous deux hommes d'armes d'une compagnie des ordonnances du Roi en 1635. (Bibl. nationale. *Nouveau d'Hozier*, vol. 37, cote 754, n° 2.)
A cette famille appartenait aussi Georges-Lazare Berger de Charency, prêtre du diocèse d'Autun et évêque de Montpellier. Il fut d'abord archidiacre, chanoine et chantre de l'église de Meaux, puis vicaire général du cardinal de Thiard de Bissy, évêque de Meaux. En 1735, il fut nommé évêque de Saint-Papoul et en 1738 évêque de Montpellier ; il mourut subitement dans ce dernier diocèse, le 14 février 1748, âgé de 60 ans. Il avait été aussi nommé abbé de Bolbone, au diocèse de Saint-Papoul, en septembre 1740. Dans une note qui se trouve à la Bibliothèque nationale dans le volume 86 des *Dossiers Bleus*, cote 2,003, n° 2, Bertin du Rocheret, conseiller du Roi, président en l'élection d'Épernay au milieu du siècle dernier, dit que Georges-Lazare Berger était fils d'une bergère, vivante en 1740. (Voir aussi *Le Mercure de France* d'avril 1735, p. 814, et la *Gallia Christiana*, XIII, t. 1, p. 297 et 314.)

ret, oncle de la future ; de messire Jacques de
Méru, écuyer, demeurant à Autun, beau-frère de
la future à cause de Marie-Claude de Velle, son
épouse ; de maître Pierre Digoy, notaire royal à
Cussy, et de maître Robert Nault, praticien à
Luzy. (Expédition délivrée, le 5 août 1897, par
maître Louis-Félix Bertoux, successeur de Mᵉ
Cortet.)

Voici quelques·renseignements que nous avons
pu recueillir sur la famille de Velle et sur celle de
Méru, qui habite Saint-Didier-sur-Arroux et à
laquelle les de Velle se sont alliés.

Michel de Velle, écuyer, seigneur de Villette,
paroisse de Poil, maire héréditaire et subdélégué
de la ville de Saulieu en 1700, fut nommé, le 3 décembre 1707, clerc et conseiller-auditeur en la
Chambre des Comptes de Dôle au comté de Bourgogne (Franche-Comté) ; il fut reçu le 28 février
1708 et mourut le 24 avril 1712. Ses armes sont
enregistrées de la façon suivante dans l'*Armorial
général de France* de 1696 : *d'azur à deux ancres
d'argent, passées en sautoir et surmontées de
trois étoiles de même, rangées en chef.* (Bourgogne, t. 1ᵉʳ, p. 161 ; bureau de Semur-en-Auxois.) Il
avait épousé Marie Rougé et en eut :

1º *Anne-Françoise* DE V., qui épousa Guillaume-François de la Valade.

2º *Marie-Claude* DE V., qui fut la femme de *Jean-Jacques*
de Méru, écuyer, d'abord avocat à Autun, puis
conseiller-maître en la Chambre des Comptes de Dôle,
seigneur du Thil, de Magny et d'Orsa, fils de Charles
de M., avocat en Parlement, conseiller secrétaire du
Roi en la chancellerie près du Parlement de Dijon,

et de Jeanne Tillot. Le 10 avril 1744, devant Chan-
garnier, notaire à Autun, elle fit son testament par
lequel elle élut sa sépulture en l'église Saint-Quentin
de cette ville, « *sur les cendres de Monsieur son
beau-père* », et institua son héritier universel Jacques de Velle, écuyer, avocat au Parlement de Dijon,
son frère.

3° *Jacques* DE V., écuyer, nommé et ainsi qualifié dans
le testament de sa sœur Marie-Claude du 10 avril 1744.

4° *Denis* DE V., écuyer, vivant le 30 octobre 1720.
(Bibl. nationale. *Nouveau d'Hozier* 235, cote 5,323,
f° 5. *Pièces originales* 956, cote 265,657, n° 6.)

Jean-Jacques de Méru du Thil fut nommé conseiller-maître en la Chambre des Comptes de Dôle le 17
juil. 1721, et fut reçu le 4 août ; il obtint des lettres
d'honneur le 4 oct. 1748. Le 3 octobre 1720, il était
contrôleur en la maréchaussé d'Autun et tuteur de
l'enfant mineur d'Andoche de Velle, conseiller du
Roi, lieutenant criminel au bailliage de Saulieu,
oncle paternel de sa femme, Marie-Claude de
Velle. Ses armes étaient : *d'azur à deux alérions
en chef et un chien passant en pointe, le tout d'argent.* (Mêmes *Pièces originales*, même cote,
n°ˢ 6-8, et *Armorial de Bourgogne* de 1696, t. Iᵉʳ,
p. 256, bureau d'Autun.)

Le 15 sept. 1716, par acte passé devant Maillard,
notaire royal à Saint-Léger-sous-Beuvray (chef-
lieu de canton de Saône-et-Loire, arrondissement
d'Autun), Guillaume-François de la Valade rendit
foi et hommage de sa terre et seigneurie de Patigny à son suzerain, messire Marie-Roger, chevalier, comte de Langheac, marquis de Coligny et
de Roquefeuille, baron de Châtellenaux, de Montra-

tier, de Confollan, de Bonnaguille et autres lieux, seigneur de Chazeul, ledit fief de Patigny mouvant, avec droit de haute, moyenne et basse justice, de ladite seigneurie de Chazeul, bailliage d'Autun.

Le 5 mai 1721, étant capitaine de cavalerie au régiment d'Orléans et chevalier de Saint-Louis, Guillaume-François de la Valade de Truffin fit, à Dijon, au logis du Roi, pour être admis aux États de Bourgogne, des preuves de noblesse remontant à Hélie de la Valade, son quatrième aïeul, devant Louis-Victor de Marlout, chevalier, seigneur de Roailly et de la Brosse, colonel d'un régiment d'infanterie, chevalier de Saint-Louis, et Jacques d'Aubeterre, chevalier, seigneur comte de Jailly-le-Châtel près de Troyes, commissaires nommés, par délibération de la chambre de la noblesse de Bourgogne du 27 mai 1718, pour procéder à l'examen et vérification des titres et qualités des gentilshommes qui se présenteront pour entrer aux États de cette province, lesdits commissaires assistés de messire Jacques Dubois, chevalier, seigneur de la Rochette et de Masoncle, alcade pour le comté de Charolais, de messire Hyacinthe Bertet de Gorze, chevalier, seigneur de Chevannes, aussi alcade pour le comté de Mâconnais, et de Philibert Chamonet, greffier. Les commissaires susdits délivrèrent à Guillaume-François de la Valade un certificat attestant qu'il était *bon gentilhomme, non noble simplement mais de qualité requise pour entrer en la chambre de messieurs de la noblesse et y avoir voix délibérative, ayant toujours fait et faisant profession des armes et non de la robbe, possédant la terre de Patigny, en toute justice, dans le bailliage d'Autun. (Archives dépar-*

4

tementales de la Côte-d'Or, à Dijon, registre C. 3,037, folio 324.)

Guillaume-François de la Valade demeurait, comme son père, en sa maison noble de Gissy, paroisse de Saint-Didier. Il y mourut le 13 avril 1751, à l'âge de 68 ans, et fut inhumé le lendemain dans le chœur de l'église de Saint-Didier-sur-Arroux.

Marie-Françoise de Velle était morte le 9 août 1744 et avait été inhumée dans la même église.

Le 9 avril 1722, elle avait tenu sur les fonts baptismaux de Luzy Charles-François Nault, fils de maître Denis Nault [1], avocat en Parlement et juge des ville et châtellenie de Luzy; le parrain fut Charles Ballard [2], avocat en Parlement et président au grenier à sel de Luzy.

Guillaume-François de la Valade de Truffin et Anne-Françoise de Velle eurent de leur mariage onze enfants, presque tous morts en bas-âge, savoir :

1° *Marie-Éléonore* DE LA VALADE DE TRUFFIN, baptisée à Saint-Didier-sur-Arroux, le 30 sept. 1715; elle eut pour parrain son grand-père paternel, Éléonor-Alexandre de la Valade, chevalier, major du régiment du Mestre de camp général-cavalerie, absent, représenté par Denis-François de Jarsaillon, écuyer, seigneur des Planches, grand-oncle de l'enfant ; et pour marraine sa grand'mère maternelle, Marie

1. Denis Nault, avocat en Parlement, conseiller ordinaire des maisons et affaires de feu S. A. S. le prince de Condé : *d'azur à un lion d'or.* (*Armorial de Bourbonnais* de 1696, p. 222 ; bureau de Château-Chinon.)

2. Jacques Ballard, notaire royal à Luzy, et Charles Balard, bourgeois de la même ville : *d'or à un fer de moulin d'azur, accompagné de quatre roses au naturel, posées une en chef, deux aux flancs et une en pointe.* (*Armorial de Bourbonnais* de 1696, p. 410 ; bureau de Nevers.)

Rougé, relicte (veuve) de Michel Develle, auditeur
en la Chambre des Comptes de Dôle et seigneur de
Villette, représentée par Marie-Claude Develle, tante
de l'enfant et épouse de Jean-Jacques de Méru,
écuyer.

Elle épousa, par contrat du 3 novembre 1739,
passé au château de Gissy, paroisse de Saint-Didier-
sur-Arroux, devant Perrin, notaire royal de la ville
d'Autun, messire *Antoine*, comte de Busseuil [1],
capitaine au régiment Royal, fils de François, comte
de Busseuil, chevalier, seigneur de Moulins-la-Re-
conce (actuellement Moulins-l'Arconce, commune de
Poisson, canton de Paray-le-Monial, Saône-et-Loire),
et d'Éléonore-Antoinette Palatin de Dio. La future
fut assistée à ce contrat de ses père et mère ; de ses
oncle et tante maternels, messire Jacques de Méru,
conseiller en la Cour des Aides et maître en la
Chambre des Comptes de Dôle, et Marie-Claude
de Velle, épouse de ce dernier ; de son oncle
maternel, Denis de Velle, écuyer, seigneur de Villette. Ce mariage fut bénit dans la chapelle du Thil
par Gaspard-Thomas de la Valette, évêque d'Autun,
en présence dudit Jacques de Méru, qualifié comme
dessus ; de messire Denis Nault, seigneur de Cham-
pagny, clerc et conseiller-auditeur en la même chambre ; de messire Jean Bonamour, chanoine de la
cathédrale d'Autun, et de messire François Dupain,
curé archiprêtre de Luzy. (Registre paroissial de
Saint-Didier-sur-Arroux.)

Marie-Eléonore de la Valade mourut le 27 avril 1741,
à l'âge de 25 ans, et fut inhumée le lendemain en
l'église Saint-Quentin d'Autun.

Elle avait eu de son mariage avec Antoine de Busseuil :

---

1. De Busseuil ou de Busseul en Bourgogne : *fascé d'or et de sable de
six pièces.*

A. Messire *Guillaume-François-Éléonor*, comte
DE BUSSEUIL, seigneur de Gissy et de Patigny, de
l'Étang-Verdeau, Hayes et autres lieux, qui épousa,
par contrat passé, le 6 mars à Autun et, le 17 mars
1766, en la chapelle du château de Conclay,
paroisse de Poil, élection de Nevers, *Marie-Anne-
Simone* d'Escorailles [1], fille de messire Antoine
d'E., chevalier, seigneur de Limant, Railly, Torcy
en Bourgogne, et d'Anne de Raguet des Fossés.

De ce mariage naquit :

A. A. *Antoine-Louis* DE BUSSEUIL, ondoyé en
la paroisse N.-D. d'Autun, le 4 janvier 1767.
Le baptême fut différé par permission de Jean-
Baptiste de Velle, official, vicaire général du
diocèse, abbé de Saint-Étienne et chanoine
de l'église cathédrale d'Autun, et eut lieu, le
14 juin 1767, en l'église de Saint-Didier-sur-
Arroux. L'enfant eut pour parrain messire
Antoine d'Escorailles, chevalier, seigneur de
Limault *(sic)*, et pour marraine Louise-Charlotte-Nicole de la Valade de Truffin, épouse de
messire Pierre de Faubert, chevalier, seigneur
de Cressy.

Antoine de Busseuil, veuf de Marie-Éléonore
de la Valade, épousa en secondes noces, le 24
avril 1766, en l'église Saint-Pierre de Luzy,
Antoinette de la Porte, de la paroisse Saint-
Nicolas de Neufchâteau en Lorraine, fille de
Jacques de la Porte, ancien fermier des domaines du Roi, et de Philiberte Maujan. Ils avaient
eu avant leur mariage :

A. *Antoine* DE B., baptisé en l'église Saint-
Michel de Dijon, le 5 février 1750. On assure
qu'il mourut en Amérique.

1. Le nom de cette famille s'est aussi écrit de Scorailles.

B. *Antoinette-Gabrielle-Delphine* ᴅᴇ B., baptisée à Poligny en Franche-Comté, le 21 juillet 1752, épousa, le 7 mars 1769, *Antoine-François-Hilaire* de Guillermin, comte de Courcenay, lieutenant-colonel d'infanterie, chevalier de Saint-Louis.

C. *Antoine-Louis* ᴅᴇ B., baptisé le 29 octobre 1756, à Saint-Lauthain en Franche-Comté, fut reçu aux Écoles Royales militaires, à Paris, le 25 janvier 1768, après avoir fait des preuves de noblesse devant Antoine-Marie d'Hozier de Sérigny, juge d'armes de la noblesse de France.

Il devint capitaine réformé dans le Royal Champagne.

(Bibl. nationale. *Collection Chérin*, vol. 42, cote 882, et *Preuves pour les Écoles Royales militaires*, vol. 12, n° 43.)

2° *Claude-François* ᴅᴇ ʟᴀ Vᴀʟᴀᴅᴇ de Tʀᴜꜰꜰɪɴ, né le 9 août 1717 et baptisé le 12 à Saint-Didier-sur-Arroux ; il eut pour parrain Denis-François de Jarsaillon, écuyer, baron de Villard, et pour marraine sa tante maternelle, Marie-Claude Develle, épouse de Jacques de Méru, seigneur du Thil. Il fut inhumé dans le chœur de l'église de Saint-Didier-sur-Arroux, le 17 mars 1718.

3° *Marguerite-Jacqueline* ᴅᴇ ʟᴀ Vᴀʟᴀᴅᴇ ᴅᴇ Tʀᴜꜰꜰɪɴ, bapt. en la même paroisse, le 18 juillet 1718, par Georges-Lazare Berger de Charency, chanoine d'Autun, en l'absence du curé de Saint-Didier ; elle eut pour parrain Jacques de Méru, écuyer, seigneur du Thil, et pour marraine son aïeule maternelle, Marguerite de Chaugy de Truffin.

4° *Marie-Claude* ᴅᴇ ʟᴀ Vᴀʟᴀᴅᴇ ᴅᴇ Tʀᴜꜰꜰɪɴ, ondoyée le 23 mai 1719 et baptisée, le 8 août suivant, en la

même paroisse ; elle eut pour parrain Andoche-
Claude Rougé, seigneur d'Aiseray, lieutenant géné-
ral criminel au bailliage de Saulieu, et pour marraine
sa tante maternelle, Marie-Claude Develle, femme de
Jacques de Méru, seigneur du Thil. Elle fut inhumée à
Saint-Didier-sur-Arroux, le 28 sept. 1719.

5° *Jeanne-Renée* DE LA VALADE DE TRUFFIN, née et baptisée
en la même paroisse, le 12 juillet 1720 ; elle eut pour
parrain René de Berger de Charency, fils de René-
Magdelon de B.[1], écuyer, seigneur de Charency, et
pour marraine damoiselle Anne de Jarsaillon.

6° *Yves-Alexandre* DE LA VALADE DE TRUFFIN, ondoyé
le 23 juillet 1721, et baptisé le 24 septembre suivant
en la même paroisse ; il eut pour parrain messire
Yves-Alexandre de Chaugy, chevalier, seigneur de
Chevannes, d'Auzon, pensionnaire du Roi, ancien
officier au régiment du Maine, et pour marraine
Hélène du Clerroy, fille de messire Jean-Baptiste
du C., seigneur de Marry et de Villards-le-Boui, en
Nivernais.

7° *Claude-Henry* DE LA VALADE DE TRUFFIN, né et bapt. en
la même paroisse, le 6 sept. 1722 ; il eut pour parrain
Claude de Berger, écuyer, seigneur de Rivière et du
Mont, l'un des deux grands chevau-légers de la garde
du Roi, et pour marraine Jeanne Bastenet, relicte
(veuve) de Gilbert de Berger, écuyer, seigneur de
Rivière et du Mont, premier brigadier des deux cents
chevau-légers de la garde du Roi. Il fut inhumé
le 22 août 1730, à l'âge d'environ 8 ans, dans l'église
Saint-Didier-sur-Arroux.

---

1. René-Magdelon de Berger, écuyer, seigneur de Charency, époux de
Jeanne du Bled, mourut le 12 août 1733, à l'âge d'environ 70 ans, et fut
inhumé le lendemain dans le chœur de l'église de Saint-Didier-sur-
Arroux. Leur fils, René de B., avait été inhumé dans le chœur de la même
église, le 4 novembre 1720, à l'âge de 23 ans.

8º *Marie-Thérèse* DE LA VALADE DE TRUFFIN, baptisée en la même paroisse, le 26 août 1729.

9º *N...* [1] DE LA VALADE DE TRUFFIN, inhumé dans la même église, le 12 août 1730. Son acte de sépulture porte qu'il fut « ondoyé à la maison par la bonne mère. »

10º *Louise-Charlotte-Nicole* DE LA VALADE DE TRUFFIN, née le 7 janvier 1732, et baptisée le lendemain à Saint-Didier-sur-Arroux ; elle eut pour parrain haut et puissant seigneur messire Nicolas de Chaugy, comte de Roussillon, colonel et commandant du régiment de Gâtinais, représenté par messire Yves de Chaugy, chevalier, seigneur de Chevannes, d'Ozon, de la Chazotte et autres lieux, pensionnaire du Roi, et pour marraine haute et puissante dame Madame Louise de Bourbon, comtesse de Roussillon, épouse dudit comte de Roussillon, représentée par Mademoiselle Françoise de la Valade de Truffin.

Louise-Charlotte-Nicolle de la Valade de Truffin épousa messire *Pierre* de Faubert [2], chevalier, seigneur de Cressy, et fut marraine en cette qualité, le 14 juin 1767, d'Antoine-Louis de Busseuil. (Voir ci-dessus, p. 52.)

---

1. N... = prénom inconnu.

2. 7 et 16 avril 1651. — Melchior Faubert, écuyer, sieur de la Perrière, homme d'armes de la compagnie du Roi, demeurant ordinairement au village de Laleu, bailliage de Chalon-sur-Saône en Bourgogne.

19 juin 1720. — Pierre de Faubert, écuyer, seigneur de Cressy, la Perrière, Montpetitlaime, mari de N .. Challemoux du Brouillard, héritière de Philippe C. du B., subdélégué de l'intendant du Bourbonnais. (Bibl. nationale. *Pièces originales*, reg. 1,102, cote 25,384.)

François de Faubert, écuyer, seigneur de la Perrière et autres lieux : *de gueules à deux lions affrontés d'argent, soutenant une couronne tréflée d'or*. Éléonore de Pomard, femme de François de Faubert, écuyer, seigneur de la Perrière, du Breul et de Crécy : *d'azur à 3 pals d'or*. (Ibidem. *Armorial de Bourgogne* de 1696, t. 1, p. 167 et 176; bureau d'Autun.)

De Faubert, seigneurs de la Perrière et de Cressy : *de gueules à deux lions affrontés d'argent, lampassés de gueules et surmontés d'une couronne d'or*. (Bibl. de l'Arsenal, ms 4,927.)

11° *N...* DE LA VALADE DE TRUFFIN, fille, ondoyée dans sa maison et inhumée sous le banc de sa famille, dans l'église de Saint-Didier-sur-Arroux, le 8 janvier 1733. Son acte de sépulture porte qu'elle ne put « *aller à l'église paroissiale pour y faire les cérémonies.* »

INDEX

DES NOMS DE PERSONNES
ET DE LOCALITÉS

Les noms imprimés en majuscules sont ceux des familles ou des terres auxquelles nous avons consacré des notices ; les chiffres placés entre parenthèses renvoient à ces notices. Les astérisques renvoient aux armoiries des familles. Les noms des localités sont en italique. Un certain nombre de noms se trouvant répétés plusieurs fois dans la même page, il est par suite nécessaire de parcourir la page complétement.

— 59 —

BERGERAC

IMPRIMERIE GÉNÉRALE DU SUD-OUEST (J. CASTANET)
3, rue Saint-Esprit.

www.ingramcontent.com/pod-product-compliance
Lightning Source LLC
LaVergne TN
LVHW022029080426
835513LV00009B/940

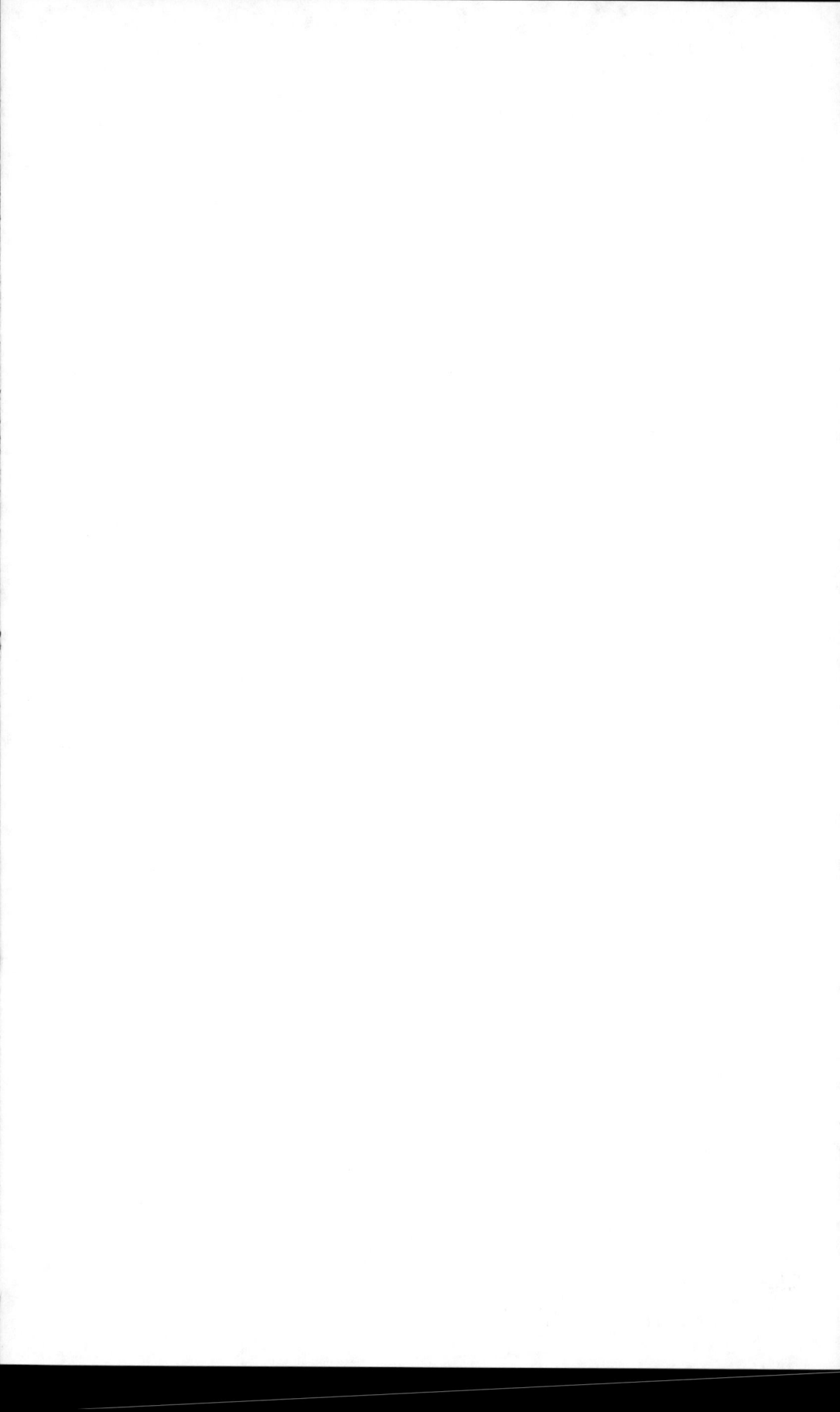